ESTO TAMBIÉN VA A PASAR

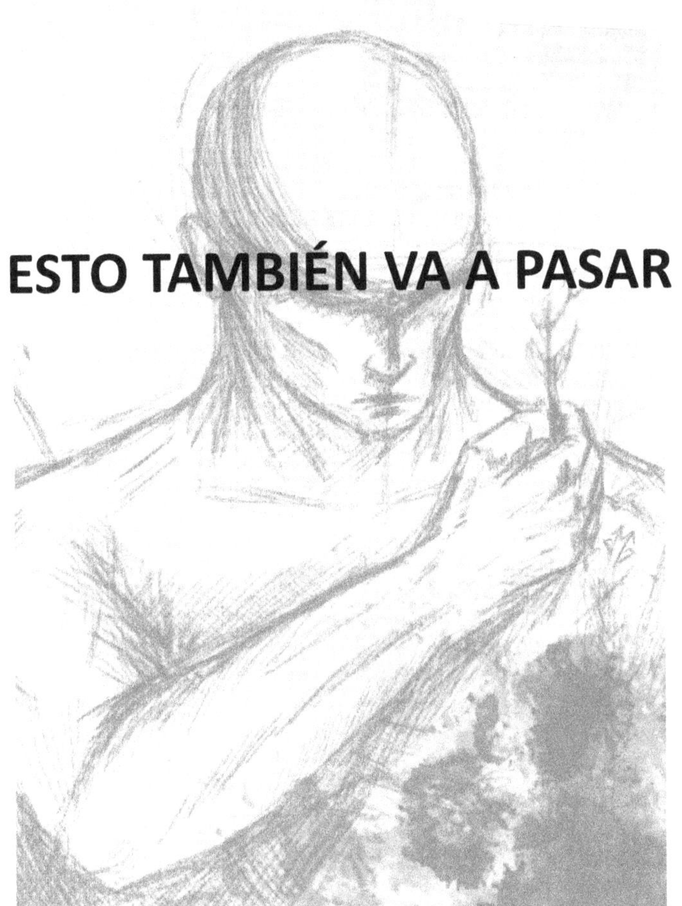

Juan Pablo Caivano
I Edición
2019

Título: Esto también va a pasar
Autor: Juan Pablo Caivano
www.conexionpineal.org
e-mail: juanpablo@conexionpineal.com
Primera edición: 2019

Edición: **Equinoxio Editorial**
Domicilio: Juan Vucetich 3053 – Sexta Sección
Ciudad de Mendoza – Mendoza – Argentina
email: editorialequinoxio@gmail.com
Atención telefónica: 0261-686 4319 y 0261-471 5388
Seguinos en Facebook: Editorial Equinoxio
Diseño y Diagramación Digital: Editorial Equinoxio
Impresión digital: **Editorial Equinoxio**
Editor Responsable: Sergio Bacchini Mansilla
Diseño de Tapa: Equipo Editorial EquinoXio
Diseño interior de la edición: Sergio Bacchini Mansilla
Revisión de Edición y correcciones: Nora Patricia Trigo

Impreso en la Ciudad de Mendoza - Argentina
Hecho el depósito que marca la ley 11.723
ISBN: 978-987-4990-30-3
Fecha de Catalogación: 6/diciembre/2019
Cantidad de ejemplares: 5000
Cantidad de páginas: 145
Código Editorial: E-750-19-2

Este libro se ha terminado de imprimir en el Centro Digital de la Editorial Equinoxio en Mendoza a los nueve días del mes de diciembre de 2019.

Introducción

"Esto también va a pasar" es una obra que a través de sucesos cotidianos, vivencias personales, que a lo largo de los años fueron creando un aprendizaje. Vivencias con las que muchos pueden sentirse identificados o relacionarse con hechos parecidos.

El objetivo fundamental es llegar a comprender que todo "va a pasar", nada es para siempre.

Creer que siempre hay una solución posible. Sentir que todo proceso tiene un propósito: el de aprender para evolucionar y crecer con experiencias propias.

Juan Pablo quiere mostrar que la salida a cualquier dificultad no está afuera, sino que primero debemos resolverlo internamente en nosotros para que se pueda reflejar externamente. De manera vertical, no horizontal; pudiéndose interpretar esto como una salida espiritual o reflexiva.

Todo lo relatado lo fuimos aprendiendo juntos en los distintos escenarios que nos tocó compartir durante la vida, enriqueciéndonos y fortaleciéndonos para superar dificultades. Valorando al mismo tiempo cada experiencia como un nuevo desafío y creciendo en cada etapa.

Permítanse soñar, aprender y comprender que "esto, sea lo que sea y creas que es el final…no es así: "Porque esto también va a pasar"

Adriana Nicznyda
Escritora, Artista plástica y esposa del autor.

Para Adri,
con quien siempre caminamos a la par.

ESTO TAMBIÉN VA A PASAR

1

Cuando las cosas se complican

No sé ustedes, pero cada cierto tiempo me sucede que me veo envuelto en situaciones que, ya sea por la "importancia" de las personas o sentimientos involucrados, parecen ser momentos bisagras en la vida, donde todo se torna difícil, complicado. Todo se entorpece. De esos momentos que marcan un antes y un después en la corriente de vida de uno. Es más, es como si en esos momentos viviera fuera del tiempo, ya que todo parece haberse detenido. La comida pierde el sabor, los días no cuentan, las horas son eternas. El movimiento se detiene y quedo sin saber claramente cómo seguir. Nada parece haber sido tan importante antes. "Nada tuvo la importancia" y la "gravedad" suprema que creo que tiene ese momento. No importan las cosas buenas vividas, las bendiciones o milagros pasados, todo parece que se volvió inútil, comparado con estos momentos trascendentales que me tocan vivir. Como si nada hubiera servido, ni tenido una importancia mayor a lo que me está pasando en este instante.

En realidad, estos eventos se suelen dar con mayor asiduidad de la que me gustaría. Siempre vienen acompañados de todo el maremoto de sentimientos que suele acarrear; dado que esta importancia que le estoy dando, la de marcar "una bisagra en mi vida", me genera mucho desequilibrio emocional, quizá pensar que todo será distinto después de este momento o no poder encontrar una salida. O no la que me gustaría o quisiera. Momentos en donde, dada la intensidad de los sentimientos, me da la sensación de que estuviera el universo entero esperando, dependiendo de la resolución de ese tema, o de que bajara la intensidad del mismo para poder seguir su curso, si es que existiera esa posibilidad acaso.

Es tan fuerte lo que me está pasando que hasta puedo llegar a pensar que no existe ni siquiera la posibilidad de que la vida recupere su curso después de esa etapa que me toca vivir. Todos seguramente han vivido ese tipo de momentos.

En algunos casos, llego a pensar que no tienen solución, que no hay oportunidad de seguir adelante después de esto. Que no se podrá continuar con la vida normal a partir de hoy, por más que la gente a mi alrededor diga cosas que en ese momento parecen tonterías, y sé que lo hacen con la mejor intención, pero al final no terminan ayudándome. Como que siempre que llovió paró. ¿Te haces problema por eso? Problemas de verdad son los de los niños de África. Como si otro tema o problema aparentemente más grande hiciera que el mío me importara menos. Ni hablar de frases inentendibles en esas situaciones: el "no te hagas problema, tú fluye, suelta o acepta". En ese momento es incomprensible. ¿Qué quieres, que no me importe? ¿Cómo hago eso? ¿Cómo suelto o acepto? En ese momento nada parece ayudar. Me cuesta entender cómo pueden seguir girando los planetas o que la vida continúe, personas yendo al cine, siguiendo la vida. ¿Qué? ¿Acaso no se dan cuenta de lo que a mí me está pasando? No ven que es de vital importancia o debiera tenerla para todos. ¿Cómo puede ser que todo siga como si nada?

Todos estos momentos que me tocaron pasar me llevaron a compilar una serie de reflexiones, las cuales terminaron siendo este escrito con la esperanza de que puedan servir como una especie de compañía para personas que están pasando por cualquiera de estas situaciones.

No intenta ser un libro de autoayuda, o un manual de procedimientos de cómo salir de situaciones. En primer lugar, porque no conozco la situación y, si la conociera, difícilmente sabría mejor que tú cómo resolverla. No conozco la fórmula para resolver tu situación. Solo sé que muchas veces solo vale la compañía en el proceso de salida.

Ésta es la intención de este libro, acompañarte en la salida. Si cumple alguna función en ayudarte a salir, sería un efecto colateral del acompañarte y muchísimo más de lo que pretendo. Lo único que pretenden esta suma de pensamientos es acompañarte desde la experiencia que seguramente la mía no es igual a la tuya. No hablo de mejor o peor, solo distinta, como son las experiencias personales. Nadie le puede decir a otro cuán importante es el momento por el que está pasando. Para cada uno es importante lo que para él es importante. En esos momentos no nos modifica, si toda la humanidad piensa lo mismo o no, es un hecho sin relevancia. Si ni siquiera importa lo que piensen al respecto tus padres, amigos, pareja, entonces mucho menos toda la humanidad. Podemos saber que hay personas que vivieron cosas peores y de hecho las siguen viviendo. Pero los que estamos en un momento crucial en nuestra vida sabemos que la experiencia de otro, por más terrible que sea, no hace la mía menos grave ni importante para mí. Por algo simple: la mía es mía, la estoy viviendo yo. Parece egoísta, pero eso ahora no importa, solo que es así.

Vamos a tratar de caminar juntos este camino de salida. Sin olvidar que quien lo va a hacer, eres tú y desde aquí solo te voy a acompañar, si me dejas y quieres.

Para mí no es una opción ya; para ti sí.

Debemos tener en cuenta una cosa muy importante para empezar. Ya sea que estés pasando por uno de esos momentos: una pérdida irreparable, un fracaso, una decepción importante o el encontrarte esperando que se resuelva la gran oportunidad de tu vida, la pérdida de un amor en las diferentes maneras que esto se puede expresar. Quizás simplemente no saber qué hacer y estar a la deriva o a lo que tú le des la importancia necesaria, este momento donde todo se ha tornado extraño. Donde nos sentimos desorientados, aturdidos, confundidos, ese momento tan especial. Que en ningún momento vamos a decir que es poco importante o que no puedes estar así por eso. Porque eso ya no tiene ninguna importancia. Las cosas son como son. Nos encantaría que fueran de otra manera. Pero siempre son como son y nunca como deberían ser.

Yo sé que no es tan fácil verlo hoy y que parece imposible, aunque hoy te cueste creerlo, y pienses que no hay posibilidad de que eso suceda. Para bien o para mal, te guste o no, lo desees o no: *"Esto, esto también va a pasar"*.

2

De donde menos se espera, llega la sorpresa

Una vez tuve el privilegio de que se cruzara en mi vida una persona muy especial. Esas personas que aparecen en nuestro camino para acompañarnos, para reafirmarnos que no estamos solos. Ancianos, no por edad, sino simplemente porque aprendemos de sus pasos. Aunque cronológicamente no tuvieran muchos más años que nosotros. Los verdaderos ancianos, de los que aprendemos, simplemente van adelante, los que cumplen esa sagrada función. Esas personas que te acompañan y enseñan. Siempre es bueno escuchar a quien va adelante. Un día hablaba con él sobre el conocimiento profundo, ese conocimiento ancestral que nos puede permitir un paso más amable por esta experiencia. Conversábamos sobre dónde hallarlo y cómo reconocerlo entre tanta niebla, entre tanto discurso académico, muchas veces llenos de formas bellas que esconden su ausencia de fondo. Me decía él que ese conocimiento es parte de la esencia de todo. Por lo tanto, se encuentra en las cosas más simples para que lo podamos hallar todos, para que lo podamos descubrir en todos lados, especialmente en los menos pensados. Que, como justamente estaba en todos lados, había que estar muy atentos para poder reconocerlo y que no se nos mezclara con la supuesta sabiduría de los hombres. La que tendíamos a guardar en lugares importantes donde los hombres guardan sus cosas, las que creen importantes. Pero la real estaba en los lugares simples, por eso justamente no es de los hombres, sino de mucho más que los hombres. Se nos presentaba día a día mezclada con la gente y las cosas sencillas.

Esto no me resultaba muy claro cuando lo escuché la primera vez, por lo tanto, seguí indagando un poco más.

—¿Cómo la reconozco? ¿Cómo se cuál es la indicada? ¿Cómo la separamos del ruido lógico de fondo, el de los hombres de la que hablas?

—No te preocupes —me decía,— tu espíritu la reconoce y te va a avisar.

—¿Cómo lo va a hacer? Si no tiene ni mi número —pensaba yo. Porque si bien he escuchado de muchas personas que han tenido experiencias de las que podríamos llamar "extrasensoriales" o "paranormales", a mí nunca me habían pasado. No podía contar entre mis anécdotas, en esos tiempos, encuentros místicos o con seres superiores, ángeles, guías mayores de algún tipo. Por lo tanto, me costaba hasta pensar que algo como eso pudiera suceder. Me sonaba tan incompresible, como cuando aprendía a manejar y mi padre me decía que, para saber cuándo pasar las marchas, había que escuchar el motor. Que el motor te pedía. Yo no podía escuchar que me pidiera nada. Sólo hacía ruido de motor.

Por supuesto, esa respuesta, que me daba esta persona, el "ya te vas a dar cuenta" me pareció otro más de esos laberintos lingüísticos que hacen algunas personas cuando no tienen una respuesta concreta y clara. Es como que ya me tiró a mí la pelota, ahora el tema es mío, dándome una respuesta medio mística, medio confusa, que no aportaba una solución. De esas que te vas preguntando si realmente te contesto o sólo te despacho, como "fui a pedir una solución y me voy con dos problemas", o al menos eso pensaba. El problema te queda a ti o bien te contesta y no tienes la capacidad para entender o no estás entendiendo qué te contesta. En fin, quedarse con eso y esperar ver qué pasa.

También, como suelen darse esos "supuestos laberintos" se revelan muy reales.   Aunque nos cueste ver que todo está rodeado con mucha magia, más de lo que parece, creas en ella o no. No nos importa, igualmente nos rodea todo el tiempo.

Cierto día, cambiando canales en ese estado de semi inconsciencia que suelo entrar con el control remoto en mano, pasé por una película vista ya cien veces, de esas que nos hacen cambiar a otro canal. En ella se veía a Julia Roberts, llorando sentada en el suelo de un pasillo de hotel y un camarero circunstancial se acercaba, le ofrecía un cigarrillo y le decía una frase que hizo que pasara eso que me parecía poco probable. De lo que hablaba mi querido amigo, que mi espíritu me avisaba algo a mí.

Digamos "espíritu" para poder llegar a un término en que todos entendamos eso que somos nosotros, pero mucho más que nosotros. Que en diversas corrientes filosóficas, espirituales o metafísicas tiene muchos nombres diversos y características que no es momento ni lugar de ahondar en ellas. Me refiero, no a que aparezca la zarza ardiente en medio del cuarto, sino a esa voz que confundimos con la conciencia, que nos cuesta mucho escuchar y mucho más hacerle caso. Una parte de nosotros de la que generalmente no somos tan consientes, pero que siempre está ahí. El tema es que muchas veces ni siquiera la registramos. Se me presentó en ese momento tan real, como el yo de todos los días. No es que siempre sea así; en ese momento lo fue. Claro que, en otros, me es tan escurridizo que no sé si es real o yo me lo inventé. Pero esa vez, por primera vez, era real. Era tan real como que ahora sé cuándo el motor pide el cambio de marcha. Aprendí a escuchar el motor, bueno, parece que también a escucharme.

La cuestión es que ese día, frente al televisor, sin ningún escenario místico alrededor, sucedió algo dentro de mí. Esa voz me habló y me dijo:

—Despierta. Esto es importante.

—¿La película está, ya la conozco? No lo parece....

Claro que al principio no sólo sorprende, sino cuesta creer que eso esté pasando, pero me estaba pasando. Algo o alguien que vive dentro de mí, pero que es yo mismo, aparentemente mucho más que yo. Se me revela como más sabio que el yo externo, para la cual no tiene que hacer mucho esfuerzo, claro está. Me da la impresión de que esa parte de mí conociera todas las cosas, pero, por algún motivo, no me las cuenta todas o no recuerdo si lo hizo. Es como si prefiriera que yo las vaya descubriendo solo, aprendiendo en el proceso de descubrirlas y vivirlas. Vaya a saber por qué eso le parece la mejor manera. Yo, mi yo más externo, Juan Pablo, claramente estaría más de acuerdo en ir conociendo todo de antemano, pero parece que así no son las cosas. Esa parte nuestra que es mejor ir resolviendo y aprendiendo en el proceso, prefiere que nos sigamos manejando en las distintas experiencias, ir aprendiendo de ellas, con todo lo que ello implica. Así parece ser su forma de manejarse. Pero en momentos claves, decide revelarse o avisarnos para que no dejemos pasar esos momentos importantes. Muchos le llaman alma, espíritu, energía, ángeles, maestros, etc. No es tan importante ahora definir eso, o cómo se llama, o cuál de todos esos fue, ya que no son lo mismo. No es el tema en este momento. Solo que me avisó...

Esto pasa más a menudo de lo que pensaba, solo que rara vez escuchaba porque estaba muy ocupado. En realidad, la mayoría de las veces la expresión que mejor se aplica es "preocupado por algo que me está pasando en ese momento". O que todavía no pasó. En el sentido exacto de la palabra es pre —antes— ocupado. Es decir, ocupando tiempo, pensamientos, emociones etc. antes de tiempo. Con lo cual no podemos ocuparnos de lo que tenemos en el presente... Pero así andaba tan ensimismado en mis propios pensamientos que no tenía tiempo para andar escuchando a almas, espíritus o cosas por el estilo que me querían hablar. Por suerte, esta vez pude escuchar. Fue la primera vez que lo noté en esa ocasión tan despojada de mística.

Un actor de reparto con un pequeño papel en una comedia que no quedará en los anales de Hollywood, le dice al verla llorar por su situación al personaje de Julia, que acaba de sufrir una terrible desilusión mientras le ofrece un cigarrillo:

—No sé qué te pasó, pero como decía mi abuela: "esto también va a pasar". Y sigue su camino. Esta escena vista cien veces, logró el efecto mágico de que mi espíritu me avisara que estaba ante una sabiduría de la ancestral, no sólo porque lo decía una abuela, lo cual ya es mucho decir. Como me había dicho mi amigo "anciano": estaba en el lugar menos pensado. Fue como un rayo que iluminó el momento. Algo más había en esas palabras.

La palabra que encerraba todo el misterio y la llave para resolverlo era "también". Ella habla de otros "estos" anteriores. ¿Pero me habían sucedido otras situaciones tan importantes como ésta?

Esa simple palabra me llevaba a un viaje inmediato al pasado. Como les decía al principio, tenía vasta experiencia en situaciones cruciales, complicadas, dolorosas. Llámenlas como quieran. Me hizo recorrer los sentimientos que tenía durante el tiempo que transcurrían esos eventos, donde pensaba que eran determinantes. Llegaba a pensar que mi vida entera y la de los que me rodeaban dependían de tal o cual situación. De este o aquel resultado. O de que esta situación se resolviera de la manera en la que yo pensaba que era la indicada, dado que si no era como "tenía que ser", el mundo acabaría, o por lo menos para mí. Me puse a recordar en el mayor sentido etimológico de la palabra recordar. Nuestro verbo *recordar* lleva dentro la palabra *corazón*. Viene del latín *recordare,* que se arma con del prefijo *re—* ('de nuevo') y un elemento *cordare* formado sobre el nombre, *cordis* ('corazón'). Ese volver a sentir, a revivir esos momentos me refrescó los recuerdos de cómo esas situaciones se resolvieron de alguna manera, generalmente no de la que yo pensaba o deseaba. Esto más de una vez había sido beneficioso para mi vida. Esos momentos, algunos muy lejanos en el tiempo. Eventos que fueron vividos en su momento como terminales. En lo afectivo, económico o familiar. Siempre habían sucedido esos tipos de hechos. No eran novedosos en mi experiencia. Ni hablar del momento en que partió de la vida física ese ser irremplazable. Eso que sucedió el momento en que no se espera que eso pase, dado que algunas pérdidas, si bien no deseadas, son más esperables en el ciclo de la vida. Todo eso y muchas cosas más que en su momento habían sido de una importancia capital... *también* habían pasado. Claro, siempre la última parece superar a las anteriores, ya lo dicen las abuelas. Chicos, problemas chicos y grandes, problemas grandes. O eso nos gusta pensar, porque la importancia de las cosas tiene que ver con lo que implica para el que lo vive y no con el hecho objetivo. Cuántas veces me encontré tratando de explicarle inútilmente a mi hija que no llorara por el osito, que había cosas más importantes que ésas. Sin entender que los hechos no se miden por lo que implican sino por lo que siente el que lo vive. Nadie puede vivir o entender lo que está sintiendo otra persona. Porque eso determina lo crucial o no de lo que está pasando. Pero fuera de todo eso había un denominador común, que en todas ellas esos sentimientos que las hicieron importante habían pasado. Con ellas todos los sentimientos y emociones que habían generado se quedaron, en el mejor de los casos, como meros recuerdos o como enseñanza. Claro que esto, el quedar como enseñanza, sucede menos veces de las que uno quisiera que sean. Pero es algo que todos deberíamos saber, que todo pasa. Que no interesa la importancia que nosotros creamos o sepamos que esto tiene. Que desde ya este momento que estoy pasando en nada se compara con los anteriores. ¡Qué eran la nada misma comparados con el que estoy viviendo hoy! Igualmente es inevitable que éste, al igual que todos los demás, va a pasar. Digo inevitable porque si algo me ha enseñado la experiencia es que no importa lo que tratemos de prolongar nosotros nuestra situación, inevitablemente va a pasar.

Estos pensamientos me llevaron por la relatividad de las cosas y la temporalidad de los eventos. De cómo paso por esta experiencia la vida preocupado y ocupado en cualquier cosa menos en vivirla e intentar desde esa perspectiva darle a cada cosa su valor y su tiempo. Claro que siempre todo lo pasado nos parece de menor importancia, dado que ya lo hemos pasado y, de un modo u otro, llegamos hasta acá, con más o menos marcas, con cicatrices profundas muchas veces, pero de esas nos recuperamos de alguna manera. Tendemos a pensar que la actual es distinta y que de ésta no va a ser tan fácil recuperarse. Ésta es la peor, comparado con aquella. Claro, desde la perspectiva actual, sin duda, pero ¿siempre fue así?

Recuerdo que no fue siempre así, que esas cosas que superé en el pasado en su momento me parecían insuperables. Fueron superadas, no sin alguna que otra marca, pero hoy estoy aquí. Obviamente la que vivo es la más importante, porque todavía no pasó. Eso le da un valor y una importancia superior.

El saber que las anteriores pasaron, no me va a hacer sentir mejor con respecto a esta que estoy viviendo. Eso está claro, no estamos hablando del simplismo de que si los anteriores pasaron entonces este también. Así que, como va a pasar, ya no me preocupo, sufro, angustio o cualquier otro sentimiento que me domine, ya que en algún tiempo en el futuro esto va a pasar. Eso es muy simple para personas tan complicadas como nosotros. Ojalá fuera así de fácil. Pagaríamos para que fuera así de fácil sin la menor duda.

Pero no lo es. O sí.

Todo eso está claro, pero hay algo que no vamos a poder evitar. Así que no luches contra eso y es que, esta vez, tarde o temprano, con mayor o menor dificultad, lo deseemos o no, eso no tiene la menor importancia. Esta vez, como todas las anteriores, *esto también va a pasar.*

3

Soluciones permanentes
para problemas temporarios

Cuando se puede escuchar al "espíritu", eso empieza a ser costumbre. Una vez que eso empieza a suceder cuando nuestra mente está siempre ocupada en este mundo, sus relaciones, sus personajes y sus escenarios de acción no deja quizás por distraída entrar a una sabiduría superior que viene desde adentro nuestro. Pero cuando la conexión se establece y todo empieza a volverse mágico. Si bien esta experiencia va en aumento, no quiere decir que siempre le hagamos caso, por lo menos en mi caso. Ni claro, tampoco que nos demos cuenta inmediatamente que eso está sucediendo. Muy seguido pasan días, meses o años antes de darnos cuenta de la importancia de lo que en su momento parecía menor. Que era una gran lección, pero que no siempre la detectamos tan clara ni la absorbemos de la manera fácil. Muchas veces debí aprender por el camino difícil que, cuando no hago caso, las cosas simples, como mi interior sabio me indica, se complican de formas impensadas, solo por creerme más sabio, más vivo o creer encontrar maneras menos comprometidas. Siempre que no hago caso a esa voz interna, y escucho a la otra que habla más fuerte, la que es más fácil de escuchar, pero menos sabia; esa voz que se expresa en los pensamientos, esa que sobreestima sus fuerzas y minimiza las consecuencias por eso mismo. Entonces todo siempre se complica. Eso ya es un clásico. Con solo hacer caso a ese primer sentimiento sabio, se hubieran evitado tantas malas consecuencias. Pero bueno, de nada sirve entender eso ahora, cuando todo ya se complicó. Solo la próxima vez tratar de estar más atento y no olvidar que desde esa conexión a nuestra sabiduría interna las situaciones son siempre simples y perfectas. Pero estamos en el camino de aprender a escuchar y hacer caso. Asimismo, todavía trato de que esas lecciones se me incorporen, lucha en la que sigo estando, pero cada vez voy disfrutando más el momento de reconocerlas. Hecho con el cual seguramente mi espíritu, ser superior, o como quieran llamarlo, no debe estar muy contento, ya que es más importante aplicarlas que reconocerlas. Escucharlas y obedecer si fuera el caso, que el simplemente hecho de poder reconocerlas en perspectiva. No hay nada menos importante que el diario de ayer.

Recuerdo otra vez cuando, circulando con el auto en el complicado tráfico de Buenos Aires, escucho en un programa de radio casual, a alguien hablando sobre suicidas, relatando varios casos de una línea de apoyo, de cómo los operadores de la línea lograban buenos resultados cuando la persona que llamaba se abría a escuchar. Esto les permitía a los operadores mostrarles que lo que estaban atravesando era una situación temporal y que estaban buscando una solución para ese tema no retornable.

Comentaba el entrevistado que la máxima de su organización era que *el suicidio es una solución permanente a un problema temporario.* Éste fue otro de esos momentos en los que empecé a recibir mensajes del más allá, de que estaba frente a una sabiduría importante puesta en lugares simples. Este mensaje del espíritu llega esta vez en el medio de un embotellamiento de tráfico, apurándome para cruzar la bocacalle antes de que corte el semáforo. Si bien tuve que levantar el volumen sobre los ruidos de mi mente, enojado con el conductor del vehículo azul que no apuraba y demás temas menores, pude escuchar al espíritu entre el ruido. Esto me llevó a la reflexión de que cuántas veces por no comprender lo temporal de los eventos he tomados decisiones cuyo resultado era permanente, llevado por un estado de ánimo que me hizo creer que este evento se iba a perpetuar en el tiempo. Esto no sólo en referencia a temas tan profundos como el suicidio. No hay que llegar a tales extremos donde está claro que nunca es una solución. Cada momento que vivimos por más inusual y dramático que parezca, por el simple correr imparable del tiempo, es pasajero, es la transitoriedad de los eventos en este campo. En este lugar donde vivimos regidos por espacio y tiempo, nos gustaría pensar que no es así. Para suerte o desgracia, todo es temporal.

En ocasiones, cuando veo que un joven o no necesariamente un joven, pero siempre en un joven me golpea más, seguramente porque tiene más futuro que pasado; eso potencia el drama. Cuando veo esa noticia o me entero de un suicidio, ya sea por un amor perdido o ni hablar de esos casos en que la leyenda popular se ubica en Japón, donde un muchacho lo hace por malas notas en el colegio. Qué decir de los típicos casos donde el tema es económico. Cuando los veo, y más desde que esta idea empezó a rondar por mi cabeza, pienso cómo fue que pensó que eso tenía tanta importancia. Cuál fue la maraña de pensamientos o de sentimientos que le hizo creer que esta vez el problema o sus consecuencias iban a durar para siempre. Por más que te parezca increíble esto que estoy diciendo, si estás en medio de una de estas crisis, te digo que nada es para siempre. Esto ni siquiera es una idea mía. Hay cosas en las que puedes creer o no creer. Puedes elegir creer o no en Jesús, Siddhartha Gautama, o en Apu Qun Tirqsi Wiracocha, pero no puedes elegir creer o no en las leyes de la física. Y las dos leyes que rigen este campo son tiempo y espacio. El tiempo va a correr, no te va a esperar, no se va a detener. No espera tu permiso o que se te pase. Él va a seguir inexorablemente su marcha. Con ese paso incesante nos guste o no. Estemos de acuerdo o no. No hay heridas que el tiempo no vaya cerrando. Sí, claro, queda la cicatriz y muchas son muy profundas. Pero no es lo mismo la herida que la cicatriz. El tiempo no cura, no es tan sencillo. Pero lo que sí hace es que todo se vea de otra manera. Va perdiendo intensidad. También me voy acostumbrando. De una manera y desde una perspectiva diferente, lo mismo ya no parece igual. Qué lástima que ese ser no pudo escuchar cuando alguien le decía que esto también iba a pasar. Estas personas optan por esa solución permanente para tal experiencia de vida. Una situación que, como todas las anteriores, también era pasajera. Es la temporalidad de los eventos, que tanto lamentamos cuando estamos disfrutando o pasándola bien; la que en momentos de dolor es un aliado inesperado y fiel.

Claro, también en cierto grado lo entiendo. Yo pasé más veces de las deseadas por esos momentos en donde te llega el pensamiento y las diez mil razones para darle validez, de que no hay manera, no hay posibilidad de que todo se acabe el martes o el mes que viene o lo peor, hoy mismo. Después la vida me enseñó, y un camarero de película me lo puso en una frase, que todo pasa. Que no es permanente, que tendrá sus consecuencias y que algunas serán terribles. Y que durarán mucho tiempo. Sí, claro, pero también irán pasando y me iré acostumbrando. Ya lo dice el dicho popular: "No hay mal que dure cien años ni idiota que lo soporte". Lo de los cien años no estoy tan seguro, pero sobre idiotas tengo experiencia y es verdad.

Es casi increíble como cosas de una importancia que parece insoportable, con el paso del bendito tiempo empiezan a perder poder hasta el punto de creer que hace un tiempo me parecía tan importante. Se vuelve casi increíble. Claro que estos días D y horas H, no pasan sin provocar alguna turbulencia que nos pueden provocar muchos dolores o angustias, los cuales nos pueden acompañar por siempre, pero decididamente van perdiendo intensidad. El lema de esa asociación de la cual no recuerdo ni el nombre y no sé si seguirá existiendo, es de por sí el mejor argumento ante el intento de tomar esa decisión permanente. A cualquiera de nosotros nos parecería muy tonto destruir un auto porque pinchó un neumático o se quedó sin nafta. Por más que esto suceda en el peor lugar y momento, no parece una solución muy práctica. ¿No les parece?

Hay algo que es claro: los seres humanos creemos ver las cosas como son, pero en realidad son como las vemos. Eso termina siendo la clave, cómo las vemos y qué conversamos sobre ellas, porque conversamos desde lo que vemos. De nuestras conversaciones se desprende nuestra manera de ver las cosas. Las conversaciones externas o internas, claro está. Por lo tanto, cuando cambiamos la forma de ver las cosas, éstas cambian forma. Lo que he aprendido de eso también es que la principal manera de cambiar la forma de ver las cosas es cambiar nuestra manera de conversar sobre ellas. Sobre todo, lo que conversamos con la persona con la que más hablamos en todo el día, que somos nosotros mismos. La gran pregunta es "qué nos conversamos a nosotros mismos todo el día". Tenemos una gran capacidad para darnos grandes discursos y explicaciones todo el tiempo. Somos profesionales en el hecho de conversarnos a nosotros mismos para potenciarnos en la manera de ver las cosas. Generalmente, en mi caso, esas conversaciones no solían ser en la forma más constructiva de ver las cosas. Siempre era mucho más propenso a conversarme para la no posibilidad que para la posibilidad. Conversamos desde donde vemos las cosas. Entonces pensamos, conversamos desde donde ponemos la atención, dado que yo solo veo el mundo desde mi lugar, desde donde pongo toda mi atención. Es desde donde converso. Esa manera que tenemos de conversarnos es la que alarga las situaciones. Como nos recuerda la querida Fresia Castro, en su libro El Cielo está abierto, "somos seres creadores". Va en todos sus seis libros y toda su obra nos lleva a recordarnos nuestro origen como seres creadores.

Fresia es una de las grandes guías, amigas e inspiraciones de mi vida. Una de las primeras, sino fue la primera persona en sostener que "… donde está tu atención, es lo que entra en tu vida…". Creo desde lo que veo, y desde lo que creo de creer. Si mi atención está en que esté todo mal, y solo veo que esto es un desastre, entonces así lo creo. De creer y de crear… y así va a hacer.

El cómo y qué conversamos sobre lo que nos está pasando, sobre lo que vemos, sobre lo que sentimos. Creamos este mundo con cada pensamiento, con cada sentimiento. Cuando nos conversamos de lo que nos está pasando y creemos que es terrible y que no tiene solución, pues eso es lo que vemos y, por lo tanto, es lo que sentimos. Es tan importante lo que sentimos que puede y, de hecho, modifica la forma de pensar y ver las cosas. Cuando me siento mal, me cuesta mucho pensar que voy a estar bien. O que esto va a pasar. El sentimiento no puedo cambiarlo con lo que pienso. Cuando me siento mal, no hay nada que pueda pensar para ponerme bien.

Actuamos, nos movemos en el mundo desde nuestra particular forma de verlo o de ver a las personas o su actuar. Es claro, no podemos hacerlo desde la forma en que otro lo ve. El gran tema es que tendemos a creer que nuestro punto de vista es la realidad, sin tomar en cuenta que nuestra realidad está enmarcada por mis estados de ánimo, que depende de dónde está principalmente mi atención. Nos cuesta demasiado aceptar que nuestro punto de vista es solo eso: otro punto de vista. Es el de hoy, de este sentimiento, de esta atención. Que, si cambia la atención, cambia el sentimiento, por lo tanto, hasta mi realidad. El mundo que hoy veo, la realidad que hoy defiendo como tal, están obviamente influenciados por nuestro estado de ánimo. Entonces, si creamos desde lo que conversamos, y conversamos desde lo que vemos (esto está influenciado por lo que sentimos), entonces, en definitiva, creamos desde lo que sentimos. Sentimos desde donde tenemos la atención. Cuando algo que sucede se roba toda mi atención, y si eso no genera en mis los mejores sentimientos, converso, pienso, actuó desde esos sentimientos. Todo mi mundo y las posibilidades o en realidad las no posibilidades que veo. No son la realidad, es lo que me permite ver mi estado de ánimo y éste depende de mi atención. Claramente eso hacemos. Entonces nos encerramos en nuestros propios mundos de desolación, que no nos permiten ver posibilidad y solo creemos que todo es negro. Es tiempo, quizá, no de salir si no podemos o no sabemos cómo. Pero sí aceptar que lo que estamos viendo y entendiendo no es la realidad. Es solo lo que podemos ver o entender desde el estado de ánimos que hoy tenemos. Nuestros sentimientos van desde un punto muy profundo formando el mundo en el que habitamos y vamos actuando en consecuencia a los sentimientos que nos dominan.

En mi caso, recién ahora, con más de cuarenta años, empiezo a vislumbrar el tema. Qué bueno hubiera sido entenderlo con diez o doce años. Seguramente hoy tendría muchos más pelos que peinar y menos problemas de acidez. Hubiera tenido mucho más tiempo para disfrutar. Horas, días, meses, hasta años que pasé preocupándome por cosas que hoy sé, no solo que no tienen importancia, sino también que a muchas de ellas ya ni las recuerdo. Pero sobre las que me conversé muchísimo, intensificando sus efectos, creándome realidades desde mi manera de ver y sentir que no deseaba. Las cosas pasaban, sí, claro, y varias tenían mucha importancia o eran relevantes para mí o para otros. Pero yo agravé e intensifiqué los efectos sin siquiera darme cuenta de que yo sólo lo hacía al pensar que lo que veía era la realidad y no solo mi realidad desde mi estado de ánimo.

Pero así son las cosas y como decía Machado: "se hace camino al andar". Empecé a reflexionar ¿cuántas veces tomé soluciones permanentes para problemas temporarios?

Cuántas veces en dominios tan distantes como estudios, trabajo, amistad o relaciones, me he visto tomando soluciones permanentes a problemas temporarios. Por conversarme que eran permanentes. Tomar una decisión permanente, y al decir esto no me refiero a la vida. Reflexionando me doy cuenta de que muchas veces lo he hecho o he presenciado en algunos casos en personas que por una situación financiera, sentimental o de otro tipo, toman una solución permanente a ese problema temporario que tenían con un negocio, pareja, carrera etc., y hablan desde el estado de ánimo, por no dejar de conversarse sobre lo que ven hasta generar el sentimiento de que esa situación ya no tiene solución, su importancia se agranda hasta que toma una relevancia que creo fundamental.

Por dejar fija mi atención en un evento o pensamiento o forma de interpretar, el sentimiento que se apoderó de mí me hizo conversarme desde ese estado de ánimo. Desde esa realidad inventada accioné, dado que la acción, esa manera de expresarnos externamente en este mundo, tiene completamente condicionado su resultado al sentimiento base que la originó. Entonces tomamos una decisión que termina siendo permanente en ese tema temporario. Esto no valida comportamientos que son mi límite.

Cuando algo ha pasado el límite de no retorno, no importa cuántas veces me digas que no lo vas a volver a hacer o que te disculpe. Porque si rompiste ese límite que es impasable, si tomo la medida por auto cuidado o autovaloración; tomo una decisión permanente para algo no temporario como es mi auto respeto y cuidado.

Esta manera de ver las cosas nos hace hasta pensar que lo que nos pasa es lo que nos corresponde, siendo culpables de que esto nos esté pasando sin capacidad para salir de ello. Está claro que nosotros con nuestra manera de ver y de conversarnos sobre los que nos pasa, creamos y potenciamos esa situación. Pero no somos nunca responsables de la falta de amor o cuidado de otro u otros. Si el otro no puede manejar sus propias inseguridades no es mi culpa ni mi responsabilidad, cuando el límite del amor y el respeto se ha pasado si es tiempo de cortar el tema. Pero por las mismas razones, somos nosotros los que, cambiando la manera de ver y de conversarnos, podemos salir de esas situaciones. Muchas veces he aceptado lo que me sucedía, teniendo la conversación de que no lo podía cambiar, que de algún modo lo merecía y de esa manera hacía permanente una situación que en mi experiencia de vida debía ser temporaria. Quizá porque algo debía aprender de ella o simplemente porque había cometido un error creativo en el pasado. Sin entender esto, desconociendo que debía salir de eso, rectificando el rumbo, pero sin culparme por ese error, ni el hecho de haberlo cometido en el pasado, hace que lo deba extender en el tiempo como un tema insalvable. Esto me ha tocado presenciarlo en algunos casos y, en otros, vivirlo en repetidas oportunidades. Muchas de esas veces, no he tenido la oportunidad de repararlos, aunque sí en algunos casos he podido verlo a tiempo y entonces empezar a crear una realidad distinta desde la manera en que veía las cosas. Desde ya, este proceso empieza en cambiar lo que me converso sobre ellas. Esto es cien veces más fácil decirlo que hacerlo. Aprenderlo puede llevar diez minutos de lectura; hacerlo una práctica de vida, diez años. Pero por algo se empieza, quizá desviando mis pensamientos cuando estos vayan en sentidos que van a potenciar una manera de ver las cosas y perpetúan una situación que no me agrada. Desviando la atención de eso hacia alguna otra cosa es una verdadera maestría. Pero también pasa algo con nuestra mente. Una vez visto, no se puede dejar de ver. Ahora no van a poder dejar de ver en cuanto estén haciendo esto. Eso no quiere decir que inmediatamente lo fueran a dejar de hacer. Pero sí lo van a observar, entonces ya tienen un punto de partida, una decisión que tomar. O seguimos como siempre, o empezamos la dura tarea de ser "mi propio maestro" y empezar el aprendizaje de redirigir nuestra atención. Pues entonces: bienvenido al entrenamiento.

Yo, a esta altura me he visto "suicidándome" ante muchos problemas pasajeros. Problemas en los que había que esperar, afrontar alguna turbulencia más o menos complicada. Desde ya hacerse cargo de las consecuencias siempre resulta ser una situación más fácil de pasar que de pensar. No estoy diciendo "no te preocupes por nada o por nadie, que ya va a pasar". Aunque, claro: eso va a suceder. Solo como dicen personas muy sabias y antiguas: "la vida es un juego, no la tomes en serio".

Por eso, si hoy estás en algún momento en el que estás evaluando algún "suicidio" situacional, pretendo que puedas detenerte un minuto y evaluar que quizá sea una oportunidad para no terminar perpetuándola en el tiempo, esa relación, esa carrera, ese negocio y sabrás que por lo que estás pasando y, valga la redundancia, que también esta situación va a pasar. Algunas solas y otras tendrás que tomar la decisión correcta para que pasen. Sabiendo decir basta, que es una declaración muy potente de amor a uno mismo. Basta de violencia, basta de escasez, basta de desamor, basta fracaso, basta de pérdida, basta de falta de libertad, basta de esto, yo también quiero ser feliz. Tomar una solución permanente a un problema temporario es aceptar desamor por amor, violencia por amor, confundir no respeto con merecimiento de esto. Quedarse por miedo a lo que vendrá, es muchas veces tomar una solución permanente a un problema temporario. El dolor y la agonía de lo desconocido es un paso necesario para que pase esta situación de la que creo no poder salir. Quizás y solo quizás, el hecho de saber que éste es solo un instante de tiempo en nuestra existencia. No toda nuestra existencia nos permite encontrar soluciones o planes de acciones que nos ayuden a seguir adelante.

Quizá sea el momento de verlo solo como parte de un proceso y aceptar ciertas cosas que te están faltando aceptar y seguir adelante.

No lo sé, pero quizá seas un principiante y no te está yendo muy bien en la facultad o en algún negocio, relación o lo que sea que estés iniciando. Pero nadie nace sabiendo y todos tienen que forzar la marcha para llegar. No por eso vas a matar o eternizar esto que estás viviendo, esa carrera, relación o negocio. Porque el no saber o no poder entender que un proceso terminó también es una manera de "suicidio" a nuevas oportunidades. Tener la capacidad de ver que una relación, negocio, carrera o lo que sea ya terminó su proceso en tu experiencia y que es una gran maestría, muchas veces requiere de una gran valentía también. Tener la madurez de afrontar que "esto" terminó. Por no tener esa valentía, nos matamos a nuevas experiencias, perpetuando experiencias muertas que seguro tuvieron su momento, pero ése ya pasó y hay que dejar que nuevas experiencias entren.

Instructores que supe tener, una vez me contaron la historia de Henry Ford, quien se había fundido cinco veces antes de establecer la compañía. Me imagino qué pasaría si hubiera "suicidado" su intención la primera o la cuarta vez. Se ve que entendió que era un problema temporario. ¡Fundirse cinco veces! Y siguió adelante.

O tantos otros en la gran historia de bronce como San Martín, Bolívar u otros libertadores de América. Todos sufrieron varios y fuertes momentos de desilusión y "aparente" derrota. San Martín, sufriendo privaciones o presiones para formar el ejército de Los Andes, no desiste de su sueño. Simón Bolívar, solo en su cuarto en Jamaica después de haber sido totalmente derrotado su ejército, no mata su ambición, sino que escribe la famosa carta de Jamaica y retoma la gesta libertadora. Ellos, como tantos otros que pasaron situaciones en las que hubiera sido muy racional el haber abandonado, no "suicidaron" sus campañas, todo lo contrario; se fortalecieron y siguieron adelante.

Si bien hay muchos casos en la historia, muchos personajes importantes que pudieron haberme enseñado, la mejor lección sobre este tema no la aprendí del bronce otra vez, sino del lugar menos pensado. De mi hija, esta lección me la dio cuando todavía no cumplía un año. No, no voy a empezar a decir que mi hija es un genio como todo padre (claro que lo es, por supuesto) pero los voy a licenciar de la cháchara de padre. El caso es que es el primer niño al que le puedo seguir de cerca su proceso de aprendizaje. Cuando empezó a caminar le costaba como a todo niño, se caía y tenía miedo. Aún la recuerdo tratando de pararse agarrándose por el sillón de la sala, cayendo, golpeándose y llorando si era el caso. Pero siempre intentando volver a hacerlo. Hoy camina. No renunció a la posibilidad de hacerlo al tercer o cuarto intento fallido. No era más que un problema temporáneo, el cual superó. Se fue volviendo cada día más fuerte y aprendiendo de sus caídas. En ese proceso me enseñó mucho más que las historias de los grandes próceres. Me dejó una enseñanza de volver a intentar y de practicar hasta lograr mi objetivo.

No conozco cuál será tu situación actual y seguramente es muy complicada en el momento que la estés viviendo, no se me ocurre desmerecerla, pero comparada con aprender a caminar para un niño de diez meses... Así que levántate, lame tus heridas y vuelve al empezar. *Esto, esto también va a pasar.*

4

<u>El que espera, des-espera</u>

Lo que también entiendo es que sería muy fácil para mí o para todos resolver el sábado con el diario del lunes. Esto es claro. Que, cuando estás metido en un problema, el problema nubló todo. También sé que hay una diferencia entre entender y sentir. Lo que a mí me pasa cuando hoy me enfrento a uno de estos momentos que nos trae el diario vivir, en los que se plantea un compás de espera, aunque solo sea esperar que esto que hoy duele tanto deje de doler; es que, si bien gracias al consejo que daba la abuela del camarero, que trataba de consolar a Julia, en cuanto me empiezo a enroscar en los pensamientos recurrentes de ansiedad, enseguida recuerdo que esto, como tantas otras veces antes, también va a pasar y en dos semanas, dos meses o dos años ya va a ser solo un recuerdo. No los califico de buenos o malos, porque esto también termina siendo una interpretación temporal. Hechos que me han sucedido y que en su momento los califiqué de malos o terribles... Si sigo la serie de eventos que se desencadenaron a raíz de él, hoy no son malos sino todo lo contrario. Sus consecuencias fueron muy buenas. Al final termina siendo muy cierto aquel dicho que decía mi madre: "no hay mal que por bien no venga". Aquellos hechos que todavía no han mostrado un resultado al que pueda calificar de "bueno", todavía les doy una oportunidad. Están con tiempo aún. En definitiva, todo lo que nos sucede, nos forma de alguna manera y nos enseña por dónde es o por dónde no es el camino. Hasta esos eventos tan terribles que hubiéramos preferido mil veces no haber aprendido lo que nos enseñaron a haberlos vivido. Esos igualmente nos dejan algo.

Como les contaba, el entender que esta vez también va a ser algo pasajero, muchas veces nos termina ayudando a aguantar la demora. El tiempo que pasa hasta que recibo esa contestación tan esperada, o se resuelve el tema o solamente deja de doler tanto que me vuelve a permitir moverme. Sigue causando un sinfín de vaivenes emocionales. Dado que si bien ya puedo aprender a diferenciar lo que me pasaba antes de lo que sucede en este momento, no es lo más importante de mi vida. Solo lo más importantes de estos días, meses o hasta años. Que en mi vida va a pasar a ser solo otro evento más. Que su importancia la voy a ver en perspectiva si tengo la suficiente lucidez, y quizá no en el momento, sino sentimiento y la ansiedad. Pero también me trae algunas reflexiones.

Recuerdo lo importante que era para un muchacho de quince años si tal o cual chicas aceptaban salir con él. Cuánta ansiedad y nervios generaban esa contestación. Nada tenía más importancia que eso. Si no se daba, se perdía la gran oportunidad de la vida. De ahí en más todo sería malo. Hoy, ese hecho no entraría ni en una lista de los cien eventos importantes de mi vida. Ni en la de los mil. Pensar que en su momento, el aguardar esa contestación o esa fiesta podía ser lo más importante de la historia universal. Teniendo en claro todo esto hoy, sigue quedando el tema de la espera.

Ese estado que existe entre que se plantea la situación y se resuelve. Me ha pasado a menudo y seguro que a algunos de ustedes también. Que resulta mucho más difícil el período previo a tener una conversación, en la cual tengo que hacer un pedido a alguien, pedir disculpas, aclarar un tema que la conversación en sí, que en la gran mayoría de los casos, la conversación que yo me armé en mi cabeza o la importancia trascendental que le di, resulta no tenerla y no desarrollarse como pensaba. Todo parece en la previa mucho más complicado de lo que termina siendo en la práctica. Cuánta verdad en las palabras del maestro cuando decía: "no afanarse por el mañana, pues este traerá su propio afán". Pero qué difícil es no hacer mil historias e investigar mil respuestas posibles. Ni hablar de sus contestaciones. Es como si tuviéramos la capacidad de Doctor Strange.

Volvemos al mismo tema del capítulo anterior, como nosotros creamos universos enteros con las conversaciones que tenemos con nosotros mismos, motivadas por emociones, muchas veces descontrolados, dejamos que se muevan a su antojo por todo nuestro espacio creacional. No hay mejor holograma de lo que sentimos adentro que el mundo que nos creamos afuera. El mundo que creemos, que vemos afuera, cuántas veces es solo un reflejo de lo que sentimos y eso nos hace ver el mundo terrible. Si lo vemos desde este punto, si creemos ver las cosas de determinada manera, ese es el mundo que vamos a crear.

Esto me pasaba muchas veces, porque tenía una rara habilidad de imaginar todas las posibilidades negativas que pudieran surgir. Este mundo de incertidumbre que se crea cuando dejo la paz de la espera y des-espero, dejo de esperar, se crea en una maraña de conversaciones, sobre todo en las que tengo con esa persona con la que más hablo en todo el día: conmigo mismo. Esta espera, entendida como un espacio de paciente expectativa a lo que está por venir, se nos transforma en des-espera en acción o desesperación. Solo por un proceso que creamos nosotros mismos en nuestras conversaciones externas y fundamentalmente internas. Porque vivimos en ese mundo que nos hemos creado. Lamentablemente, aunque sea el peor de los mundos, en gran medida yo colaboré para crearlo.

Si estás pasando por un proceso en el que te toca *esperar* y, por momentos *desesperar*; tranquilo, es lo que suele pasar. Claro que no es que sea necesario que pase.

Hay veces que no nos queda otra opción más que esperar, dado que vivimos en un mundo de procesos y no eventos como veremos más adelante. Cuando me toca pasar por esos momentos de espera, si bien no puedo evitar los pensamientos que me predispongan a una desesperación, elijo llenar la canasta de los pensamientos con otros de paz y procesos. Y ver cuáles ganan la votación, si los de desesperación o los de paz. Lo que hago es poner muchos votantes para tratar de volcar la votación hacia el lado de la paz. Los de desesperación no me preocupan porque esos llegan solos. Los trae la misma experiencia que estoy viviendo. Pero si tengo que agregar los otros, en una decisión creativa para que no terminen ganando los que no deseo, los de la desesperación, me creo un mundo con mis conversaciones de espera, acepto qué es lo que me toca y trato de enfocar mi atención en otras cosas que no voy a poder hacer cuando el período de espera termine. Esta no me resulta una batalla fácil y Dios sabe que no siempre la gano. Es más, las victorias son temporarias y el esfuerzo constante. Pero si puedo ganar por dos horas, son dos horas menos de desesperación. Dos horas en las que no voy a evitar que lo que pase deje de pasar. Que lo que no llegue, llegue más rápido. Pero si la paso de una forma distinta, si en ese espacio de espera, aunque solo sea la espera de que el dolor pase, decido retomar cosas que me gustan hacer, me distraigo un poco. Cuando uno espera, el tiempo pasa lento y, cuando la pasa bien, pasa rápido. Por lo menos si salgo de la espera y me pongo a hacer algo que "antes" me gustaba hacer, quizá el tiempo pase más rápido y otro estado de ánimo y otras conversaciones se instalen aunque más no sea por solo un pequeño rato. Pero tan cierto es, que al día le sigue la noche, como que toda espera llega a su fin. Que termina siendo más importante para mi salud, dado que nunca tengo control sobre el resultado de lo que espero. Me resulta mejor ejercicio el tratar de tomar dominio del "cómo espero".

Pero como mis pensamientos vienen desde un estado de ánimo, es importante en esos momentos generar situaciones que me lleven a tener sentimientos que produzcan pensamientos en el sentido de lo que deseo.

Si me dedico a tareas que me gusten, a dedicarle tiempo a mis seres queridos, pero tiempo de calidad, no estar con ellos en cuerpo mientras la cabeza sigue en el tema; a hacer cosas que me gusten, buscar actividades que me traigan sentimientos de paz, alegría, armonía etc., entonces mis conversaciones internas y externas van a estar basadas en esos sentimientos. Es así como evito meterme en mundos de desesperación. Lo que debo tener en claro es que, si no hago nada de esto y mis conversaciones tanto sean internas como externas están en mi visión del tema, en la angustia de la espera o en las miles de posibilidades que se puede derivar la espera, mi mundo de espera, el mundo en el que estoy esperando está directamente relacionado a los sentimientos que yo dejo que predominen en esos momentos.

Si además podemos elegir qué sentir. Esto es llevando la atención a las cosas que me hacen sentir lindo. La balanza se empieza a volcar a nuestro favor. Podemos elegir actividades que nos lleven a tener sentimientos armónicos, de paz, amor etc... Entonces nuestros pensamientos van en ese sentido. No es algo fácil. Muchísimo más fácil es dejarse arrastrar por el estado de ánimo y dejarme derrumbar hasta el fondo del barranco. Para que todos vean que soy "la gran víctima", eso es más fácil. Es difícil de aceptar y quizás mucho más de entender. Eso a nadie le importa. Eres el único responsable de salir de ese lugar. Hacer el esfuerzo, aunque no se gane siempre. Pero si solo gano unas horas por día, es ya un gran avance. ¿Si puedo ganar un día entero?

Todos sabemos que cuando esperamos el tiempo no pasa nunca y, cuando nos divertimos, el tiempo vuela. Esta interpretación distinta del tiempo la hemos vivido todos. Se da en mi parecer por donde centramos nuestra atención. Cuando espero algo o a alguien mi atención se centra en el reloj, por darle una forma concreta. Solo voy mirando el paso del tiempo: 7:10 hs... 7:12hs... ¡Sólo dos minutos pasaron! Por el contrario, cuando me divierto o la paso bien, mi atención está en cualquier lado menos en el reloj. Un buen truco, solo un truco, una ilusión creada para hacer menos desesperante la espera, podría ser tratar de entretenernos con otra cosa para engañar al tiempo. Recuerdo una vez, esperando que se resolviera una oferta de trabajo muy beneficiosa para mí, ésta se demoraba y constantemente se presentaban nuevas dilaciones. Al principio estaba pendiente del llamado todo el tiempo. Mirando el celular cada minuto, verificando la señal y la batería de manera compulsiva. Chequeando e-mails cada hora, por si había novedades. Recuerdo que desesperaba solo si el programa de correo tardaba en abrir. Claro, como mi atención estaba fijada en esperar las comunicaciones de que el negocio se iniciara y estas no llegaban, las horas se hacían eternas. Mis pensamientos rondaban en las posibles cosas que estuvieran sucediendo para retrasar este proceso. No hace falta que les comente que no era un tiempo muy feliz y no reinaba la paz justamente. Hasta que un día en este proceso de esperar, aunque debería decir de desesperar para ser más exacto, sentado enfrente de mi casa con el celular en la mano, obviamente, mirando la casa pienso que no le vendría mal una mano de pintura. Como el negocio tarda en salir podría aprovechar este tiempo para pintar. De más está contarles que fue solamente meterme en esa tarea, razón suficiente para sacar mi atención de la espera y enfocarme en otra cosa. De inmediato todo empezó a cambiar, mi estado de ánimo y el estado general de todo. Sin lugar a duda la imagen de la casa, como efecto colateral, beneficioso desde ya. El hecho no había cambiado, seguía esperando la resolución del negocio. La ansiedad se transmutó en acción y éste cambió mi estado de ánimo y el de todo el entorno. Pero definitivamente ya no desesperaba. Solo esperaba. Si te toca esperar es bueno buscar enfocarse en otra cosa. Ese solo hecho hace a la espera distinta, relajada y fundamentalmente más rápida. Es una gran manera de colapsar ese tiempo que de otra manera es muy lento.

La desesperación la puedo trocar, aunque sea por momentos en espera y paz. Esto no va a eliminar el dolor o la angustia. Solo que no va a permitir estar en paz aunque sea con nuestro dolor mientras el proceso se va dando. Un día a la vez. Una hora a la vez.

Siempre es inevitable el proceso de espera, pero es

totalmente evitable la desesperación. La desesperación es solo una interpretación que le damos nosotros a ese tiempo de espera. También nuestros sentimientos y los pensamientos que generan van creando un ambiente que va a ser favorable o no para la resolución de la espera en el sentido deseado. Por eso lo mejor es crear un ambiente desde nuestros sentimientos que favorezca, incite y cree la solución que deseamos, los sentimientos de miedo a la resolución, angustia por la espera o desesperación, crean un ambiente de determinada frecuencia que va a encajar creativamente con una resolución con la cual no estaríamos muy contentos. El resultado que obtengamos va a tener que ver con la frecuencia que tenemos. Y nuestra frecuencia está dada en la calidad de nuestro sentimiento. En los años de experiencia de ser instructor del Método Cyclopea, creado por Fresia Castro, he creado por mi propia experiencia la certeza de que sintonizamos en los resultados que tienen la frecuencia de lo que sentimos. Como lo postulaba Fresia allá por los años 1990.

Así que si estamos esperando que algo se resuelva, la calidad del sentimiento que tenemos en la espera es fundamental para el resultado que esperamos. Sea como lo esperamos. Se vuelve mucho más importante dar la batalla. Ganar aunque sea por una hora por día. Eso ya va cambiando la frecuencia. Además de eso la pasaríamos mal de no hacerlo, así que, si tenemos que esperar, demos la batalla y que sea ésta, crear un ambiente desde el sentimiento de armonía, paz, éxito. Estamos de esta manera colaborando al final feliz del proceso y pasándola bien. Además, estamos predisponiendo todo para que se resuelva de la mejor manera. Algo es claro: en este universo donde existen las leyes de tiempo y espacio, vamos a tener que esperar repetidas veces. Aunque deseemos que todo sea de resolución instantánea, muchas veces se van a cumplir procesos de espera. Dado que así se van dando las cosas en este lugar.

Si tenemos la posibilidad de elegir cómo vivir esos procesos, tan cierto es que creas que es una lucha inútil como el que creas que se la puedes ganar. Dado que va a ser lo que creas que es, la única manera de acortar el tiempo que tienes es tratar de pasarlo lo mejor que puedas. De otra manera se va a hacer más lento.

5

Procesos, no eventos

Cierto día, viendo un reportaje, el entrevistado, respondiendo a una pregunta que le hacen, contesta:

—Lo que pasa es que Dios es un Dios de procesos y no de eventos.

Esta contestación volvió a abrir el envío de mensajes del espíritu. De entrada no lograba ver algo decididamente interesante. Pero empezó a surgir una reflexión, si es como dice este hombre que si Dios sería un Dios de procesos, tendría que haber creado un universo de procesos y no de eventos, si creemos en un Dios creador y que fue el Creador del Universo. Algunas personas no creen en esto, dado que no creen en Dios. En una visión científica de esto, este universo, que según la teoría de la gran explosión, comienza en ese instante cuando se llega a un punto de masa crítica y se produce esta gran explosión creando las constantes tiempo y espacio, que desde ese minuto que nace el tiempo se está creando sin parar, más tiempo y más espacio. Donde empezaron a funcionar leyes exactas al decimal; la velocidad de la luz, la fuerza de gravedad, etc. Que son perfectas al decimal, dado que si varían en un decimal, los planetas se forman cuando las estrellas son muy frías o muy calientes. Esto se dio en procesos inalterables a lo largo del tiempo formado por la separación de las polaridades que comenzaron en el Big Bang. El Universo es un gran proceso y es probable que las personas que no creen en Dios entiendan que los creyentes han creado un Dios de procesos como reflejo del Universo, que es de procesos. Los creyentes, por su parte, entiendan que un Dios de procesos creó un universo de procesos. Da exactamente lo mismo en este punto. No es lugar o momento para ver qué fue primero. El Universo es un gran proceso creado o no creado. Esto no tiene importancia, porque lo que es innegable es que se mueve a través de proceso y no de eventos. Pero somos nosotros, en nuestros cuerpos físicos, los que somos finitos de apenas un destello en el vasto universo. Como dice un amigo: "las estrellas dicen que nosotros somos los fugaces". A estos seres nos cuesta de manera especial entender lo que es el proceso. Como todo se maneja por procesos y no por eventos, muchas veces me siento desorientado esperando resoluciones inmediatas o aprendizajes instantáneos y cosas por el estilo. Por este tema es que me veo envuelto periódicamente en circunstancias. Donde la espera desespera, aunque solo sea esperar que se me vaya este dolor o el dejar de sufrir por esto. Quizá, de alguna manera muy profunda sabemos de nuestro paso fugaz por esta experiencia, y por eso nos cuesta esperar. O vivir un proceso siendo muchísimo más atrayente para nosotros siempre la instantaneidad del evento. Siempre más atractivo, aunque sea en esencia más violenta su impronta. Claro que muchas veces nos parece que el violento es el proceso, que es lento.

Quizá por esto mi espíritu, como quedamos en llamar a esa parte superior de mí que me acompaña en este proceso, el que aparentemente entiende estas cosas y habla solo del pequeño instante de tiempo, de lo infinitos que somos en realidad, aunque no entienda a que se refiere; me repetía: "toma nota de esto y no lo vuelvas a olvidar".

En la naturaleza, el universo y nuestras propias vidas, todo se lleva a cabo en procesos. Si no logramos incorporar esto, estamos realmente complicados. La vida moderna me hace entender que no tengo tiempo para esperar un proceso. Que no puedo esperar a que entienda en su propio proceso de comprensión. Que no puedo esperar que este dolor se calme, que me acostumbre a vivir con esto. No puedo, yo necesito que esto se resuelva ya, hoy mismo. No puedo vivir y soportar el lento camino del proceso. Claro que ese tipo de reacciones, muy lógicas y entendibles en medio de la crisis, son anti naturales. Nada sucede así de esa forma en el universo. Por principio de fractal tampoco puede suceder así en tu vida. Es tan inútil ese anhelo, como el de pretender que nada cambie. Que todo siga igual durante años. Eso tampoco va a pasar. Todo se va a transformar. No hay energía más inútilmente aplicada que aquella aplicada para que nada cambie. El proceso en toda situación es, no solo inevitable, sino además imparable. Inexorablemente va a avanzar, con tu autorización o sin ella. Claro, no a la velocidad que tu necesidad quisiera.

Muchas veces las personas cuya actividad está más ligada al trabajo agrícola puede que lo entienden mejor, ya que es parte de sus propias vidas. En la actualidad vivo en una zona rural de alta montaña, y antes de esto, decidimos con mi familia dejar la vida en grandes ciudades de distintos países, hace ya varios años. Antes de vivir en la montaña, nos mudamos a otra área rural al interior de la provincia de Misiones, al norte de Argentina, frontera con Brasil. Al principio, cuando uno llega muy acelerado por la vida moderna metropolitana del mundo empresarial, lo primero que nota es que las personas que siempre se han desarrollado en esos mundos, tanto sea en el campo como en la montaña, parece que tuvieran otros tiempos, otra velocidad. El primer juicio que se dispara es que son muy tranquilos, lo cual en el contacto diario uno llega a entender que no se trata de eso. Al contrario: son sumamente productivos, pero su contacto cercano a los ciclos naturales les ha llevado a entender y adecuarse a estos de una manera espectacular. Al tiempo me di cuenta de que ellos, por el estilo de vida unido a los procesos naturales que tienen, entienden todo o mucho, mientras que yo muy poco. Si nos criamos y crecemos con esta inmediatez y que lo de ayer es viejo, va a ser muy difícil que entendamos los procesos naturales. Esto a mí me trae cierto sufrimiento, dado que mi ansiedad es 4G y los procesos viajan por dial up. La gente en la que los procesos naturales son parte constante de su vida aprende esto mucho mejor de una manera natural. Quien cultiva la tierra sabe que debe preparar la tierra, sembrar, cuidar y recién cosechar, y que el trabajo de marzo da fruto en septiembre. No que si siembra a la mañana, a la tarde ya se puede cosechar y, como es costumbre a veces, creer que la cosecha debe ser abundante, siempre perfecta y sin ninguna pérdida. Qué gran parte del proceso es éste, justamente esperarlo. Ni hablar de los que se dedican a la siembra de árboles, los cuales trabajan mucho para cosechar en diez, veinte o cincuenta años. Me da gusto verlos, porque no pasan cinco o seis meses caminando como locos a la puerta del campo esperando para ver los árboles en su estado óptimo, como haría yo. Todo lo contrario, ocupan sus días y meses en otras tareas muy necesarias mientras llega el tiempo de la cosecha o tala de árboles para convertirlos en madera. Ni se ponen a tirar de los primeros brotes para que crezca más rápido. Para ellos es más sencillo muchas veces entender los procesos en nuestras vidas.

Saber que por mucho que te enojes o lo necesites, el proceso tarda lo que tarda y que nada puedes hacer al respecto. Lo peor es quedarse viendo el reloj. Eso hace eterno el proceso. Mas cuando hay tantas cosas que hacer, que podría empezar a hacer. Eso no va a acelerar el proceso, claro está, pero me va a resultar más fácil aguantar la demora.

Si pudiéramos entender esto, la pregunta no sería: "¿por qué me pasa esto a mí?", sino: "¿por qué proceso estoy pasando?".

Si pudiera entender los procesos vería que cada cosa, hasta las terribles y que no deseamos, son parte de un todo. Quizás hoy no pueda ver el motivo, el sentido de este todo. Esto no hace que no exista, porque sí existe. Es muy difícil saber en qué parte del proceso me encuentro hoy. Pero puedo mirar hacia atrás en perspectiva. Cuántos hechos que los vi como eventos en el pasado han formado parte de un proceso que ni siquiera podía imaginar. No sé cómo será en tu caso, pero en el mío, y por solo mencionar algún caso de cientos, muchos eventos que en su momento parecieron desastrosos y muy malos, que los vi como el fin del mundo; si no hubieran ocurrido, no hubiera conocido a mi mujer y hoy mi hija no existiría. Ambos hechos bien valen los males pasados.

Es fácil entender el domingo con el diario del lunes. Sí, claro que lo sé. Hoy mismo estoy en ciertos procesos que todavía no conozco. Que no sé por qué suceden. No de los lindos; de los otros. No pretendo entrar en consuelos tontos, como "por algo bueno será". Porque no siempre es así. Pero lo que sí claramente no conozco es el proceso mayúsculo que se está desarrollando.

Los occidentales tenemos una visión muy lineal del tiempo. Estamos convencidos de que el pasado está atrás, el futuro adelante y el presente ahora.

Esto que nos parece lo más normal, no es la visión del tiempo de todas las culturas. Los antiguos Mayas, por ejemplo, veían el tiempo como una espiral ascendente. Ellos decían que todo lo que pasó va a volver a pasar. Y lo que está pasando es porque ya pasó y va a volver a pasar. Para nosotros esto no siempre es tan comprensible. Como los ciclos de la naturaleza, pasaron y van a volver a pasar en una espiral interminable.

Al principio me costaba mucho entender estos procesos. Cuando empecé a ver cómo la gente se movía, no entendía los procesos; solo me parecían lentos, tranquilos. En ese tiempo no veía el proceso, solo sufría los eventos. Hoy mismo me cuesta comprender el proceso en el cual estoy, solo trato de no sufrir el evento. No sé cuál sea el evento puntual que hoy estás viviendo. No pierdas de vista que detrás de este evento puede haber un proceso más grande, el que hoy ni siquiera puedes ver. Es seguro que este evento va a pasar, pero el proceso va a seguir, es imparable e inapelable. Como no podemos parar el movimiento de los planetas, tampoco podemos detener los procesos de nuestras vidas. Están insertos en la matriz de la vida. Es lo que siempre fue y lo que siempre será.

Muchas veces me he visto en el lugar de orar y pedir paz, valor, abundancia o fe. Tratar de entender que la mayoría de éstas (Dios, Alá, Brama, la fuente, el Universo) no nos da paz, valor, abundancia o fe; nos da la oportunidad de desarrollar la paz y esto solo lo podemos hacer en medio de la turbulencia. Nos da la oportunidad de ser valientes, esto solo lo podemos hacer en una circunstancia que requiera valor para ser valientes frente a distintas situaciones que requieran tener fe en nuestras propias decisiones, y que éstas serán las correctas. No nos da abundancia, sino la posibilidad de ser abundantes con nosotros mismos y los que nos rodean. Pero como decíamos, no es cuestión de desear abundancia, amor, paz. Es sentir lo que sentiría una persona abundante, amada, en paz. Entonces vamos a encajar en esos eventos. No va a pasar que la pareja que buscamos como la ideal, la de nuestros sueños, nos encuentre si nuestro sentimiento nos hace conversar como una persona quejosa, porque no existe pareja ideal. Somos nosotros mismos los que estamos alejando ese amor, abundancia, paz o lo que sea que buscamos. Si yo vivo con un sentimiento de victimización, y por lo tanto las conversaciones que tengo con otros y conmigo son de una víctima, da igual que desee salir de esto. Esto no encaja con mis sentimientos, con la frecuencia en la que me estoy moviendo. Da igual que yo crea cabalmente que soy la víctima en este evento al perpetuarme en el sentimiento de víctima, al entrar en la seducción del victimismo. Porque, claro, toda victima dice que no lo quiere ser, pero muchas veces nos gusta quedarnos en el papel de víctima. Me hace sentir que tengo un derecho que cobrar, que algo se me debe. Pues cada vez que me mantenga y me deje estar en ese sentimiento y en esa comprensión, soy yo mismo el que se vuelve a victimizar. Me vuelvo a hacer daño. Me vuelvo a impedir la manera de salir adelante. La victima queda atrapada en el evento. En eso momento se pierde el proceso. El sentirse o no una víctima, no es un resultado del evento; es una elección. Es el lugar y el momento donde tú decides perpetuar el evento. En ese mismo momento estás queriendo impedir el proceso. Claro que puedes actuar y reaccionar, pero ya no como la victima pobre del evento, sino como quien encara ese proceso, del cual le tocó una parte del evento que entiendo que no fue la mejor. Pero sigo en el proceso de avance.

Esto tampoco es un evento, se va a ir dando en un proceso que voy a ir despertando a través de encajar en la frecuencia adecuada. No es "mañana voy a cambiar mi forma de sentir y el pensar en consecuencia". No, esto también me va a ir transformado en un proceso que debo empezar lo antes posible.

Todo esto no es una batalla ganada para mí. Es una batalla constante que nunca termina. El primer proceso que hay que comprender es que todo es un proceso del que muy pocas veces tenemos todos los hilos tomados. Esto, el entender que todo es un proceso, nos va a llevar a no enredarnos tanto en el evento que está pasando. Aunque la mayoría de las veces no sepamos el papel que jugamos en este evento, y ni siquiera en qué proceso estamos. Lo que no podemos evitar vivir es el evento. Esto sí lo vemos, lo sentimos y, claro, sufrimos porque el evento es más tangible. Lo podemos ubicar en un espacio—tiempo. Sucedió ayer, el mes pasado, hoy... En tal o cual lado. Con tal o cual persona. El evento es tangible y por lo tanto sentible. Eso nos lleva, por nuestra condición, a pensar que es el evento lo importante. No tenemos tiempo para pensar en el proceso en medio del evento. La persona que perdió su trabajo es difícil que piense que ese evento es un paso en el proceso de su nuevo futuro. Lo más probable es que sea tan conmocionante el proceso que lo lleve a pensar en que ahora no va a tener recursos. Eso es porque toda la atención fue al evento. Esto generó sentimientos que nos hacen conversar en ese sentido extendiendo el evento en el tiempo. Nosotros extendemos la duración del evento con nuestra atención puesta en él. Claro que no puedo ignorarlo, o el hacer de cuenta que no está pasando porque sí está pasando. Si sucedió o está sucediendo. En medio del caos, quizá no pueda o no me importe el proceso. Solo esté tratando de sobrevivir al evento.

Claro que esto muchas veces no termina siendo un consuelo en el calor de la batalla, pero tampoco pretende serlo. Como el verano no es consuelo del invierno, pero igualmente llega. Porque el invierno, como todos los procesos, también va a pasar. Y lo hace todos los años. No importa lo duro o interminable que parezca, siempre pasa y llega el verano. Solo así sucede. Mientras escribo estas palabras detrás del vidrio de la ventana, veo la nevada que empieza a arreciar. Quizá cuando me toque corregir este capítulo sea verano (así fue). El proceso no se detiene, no importa lo crudo del evento.

Si todo el universo es un gran proceso, no es muy lógico que pensemos que nosotros como parte de ese universo, no estemos inmersos en un proceso mayor, el cual no siempre es tan claro de ver. Tampoco hablo de entrar en el consuelo de decir "no hay mal que por bien no venga" por más que la experiencia ha mostrado que esto es así. De decir "por algo será que esto pasa". Será que algo bueno está por pasar porque eso sería un consuelo tonto. Solo digo que nos falta perspectiva para ver los procesos en que estamos muchas veces. El ser jugadores de nuestro juego, nos produce la ceguera de la acción. El jugador es quien lleva la responsabilidad de producir el resultado. El estar con su atención en la acción le impide ver por completo el proceso del partido. Por eso un director técnico que no está en la ceguera de la acción puede ver en mayor perspectiva el proceso. Claro, no tenemos un director técnico en la vida, generalmente, que pueda estar atento a los procesos de nuestro partido, dado que nosotros tenemos que jugar. Podemos entrar en la ceguera de la acción que nos impida ver el proceso. Por eso, cuando se pueda, en la medida de lo posible, debiéramos intentar salirnos unos minutos del juego y ver en qué proceso estamos. Si lo podemos ver, genial y, si no, no quiere decir que no estemos en uno, dado que todo es un proceso. El verlo no hace que el evento duela o conmocione menos. Solo ayuda a ver todo con otra mirada. Si podemos detenernos un minuto, ojalá pudiéramos, quizás alcanzaríamos a detectar el proceso en el que estamos. Para hacerlo tendríamos que hacernos algunas simples preguntas para verlo:

Después de esto, ¿a dónde voy? ¿Hacia dónde voy? ¿Qué va a cambiar o qué pienso que va a cambiar después de esto? ¿Algo cambió? ¿Para qué necesitaría que algo cambie? ¿Qué fortaleza podría sacar de esto? ¿Para qué me podrían servir? Si las respuestas te dan una pista en el proceso en el que te encuentras, ya todo empieza a tener otro color. Si no tienes respuestas, quizá no es el momento todavía para verlo. Pero claramente no son las respuestas correctas. Ningún lado, nada, ninguna, para nada. Esas respuestas no muestran que no hay proceso. Solo que todavía no es momento de verlo.

Este proceso podría ser independencia, fortaleza, superación o el que sea. Si por el contrario no lo puedes ver, quizá todavía la fuerza del evento no permite ver en perspectiva. Pero que hay un proceso, de eso no tengas dudas. Cuando el evento baje su intensidad el proceso se va a revelar. Ojalá te permita ver qué nuevas potencias y fortalezas vas desarrollando. En qué modificó tu rumbo, etc. Esto no va a hacer que no duela. Que no sea la intensidad del evento paralizante en este momento. Pero me podría acercar a una comprensión. En este momento todavía no puedo ver nada de este proceso. El evento todavía es muy intenso. Ahora no puedo ver más allá de él. Eso es súper lógico, pero abre grandes puertas. "Ahora no, dame tiempo y quizá pueda verlo. Cuando baje un poco lo veré, quizás. Eso me saca del estancamiento que me produce un evento traumático. Me habilita un futuro de posibilidad. Quizá no hoy, no mañana. Pero claramente tampoco nunca. Porque si bien hoy no puedo saber cuándo, ya empiezo a comprender que esto… esto también va a pasar.

6

<u>Pon en marcha el camión, que los melones se acomodan solos</u>

Siempre me ha sucedido de ir encontrando grandes claves de la vida en cosas simples. No en rebuscados tratados. Creo que están ahí para que todos las veamos. El tema es que estamos tan entretenidos viendo otras cosas que no las podemos ver la mayoría de las veces. Porque suelen estar tapadas por muchas otras que no lo son, más bien son lo que ha quedado de las infinitas luchas de los hombres en este mundo. Los refranes populares guardan mucho de esto. Desde el famoso "el que nace para pito nunca llega a ser corneta", que no es más que eso, experiencias de luchas fallidas. Experiencia de lucha, de resignación, de tiempos idos.   No es una verdad, ya que conocemos muchas cornetas que nacieron pitos. Que también deberían convertirse en sabiduría popular. Pero esos casos no se convierten en refranes. Tratamos de encontrar la justificación de que en realidad siempre fue corneta. Lo cual es cierto, tan cierto como que todos lo somos hasta que nos hacen creer que nacimos pitos.

Para que no creamos en los grandes regalos nació el no menos famoso, que dice "cuando la limosna es grande hasta los santos desconfían". Que es al igual que el otro, memorias de muchas decepciones, dado que seguramente a todos, a mí sin duda, nos ha tocado recibir grandes ayudas sin que escondieran dobles intenciones. Son solos memorias de experiencias fallidas, y no grandes verdades necesariamente.

Un día me llega esta frase en un contexto de fútbol, armando un equipo y tratando de organizar el partido. Tratando de organizar detalles, viajes, lugar, jugadores a convocar y demás detalles. Al observar lo que nos complicábamos los organizadores en tratar de ajustar tantos detalles, un amigo que aparentemente estaba ausente de la conversación dispara: "pon en marcha el camión, que los melones se acomodan solos". Me volvieron a sacudir los mensajes del espíritu.

—Despierta que esto es más importante de lo que parece.

—¿Otra vez? ¿En esta pavada?

—Sí, escucha lo que está en esa memoria humana.

Mi amigo no solo estaba diciendo "vamos, que no hace falta tener todo previsto". Decía claramente: "solo vamos y todo se va a arreglar". Había algo más profundo detrás de ese aparente hartazgo a la falta acción que representaba el estar complicados en ajustar los detalles que demoraban el partido.

Cuántas veces me he visto tan conmovido o paralizado por lo que estaba pasando a mí alrededor y el estar convencido que no se podía seguir adelante "hasta poder acomodar los melones".

No estoy diciendo que no haya que organizar y hacer planes, esto claro que es importante y la clave de muchos éxitos. Solo que en esos momentos de incertidumbre donde creo que no se puede seguir sin poner las cosas en orden, quizá sea una gran posibilidad el simplemente ponernos en marcha.

Muchas veces estaba tan golpeado por lo que me había

sucedido que no podía ver ni entender que se pudiera seguir adelante con este dolor, decepción, fracaso etc.

Pon en marchar el camión, que los melones... se acomodan solos.

Siempre que me he sentido estancado por lo que me estaba pasando y sin muchas posibilidades de seguir, dado que faltaban ciertas cosas o circunstancias que no eran las ideales para seguir. No pudiendo aceptar el seguir con semejante dolor, tratando de buscar la manera, la forma, la clave para poder acomodar todo para seguir adelante de alguna manera. "Con este dolor, angustia, sentimiento de fracaso no se puede seguir", solía pensar. Que antes de poder seguir moviéndome de la manera más rudimentaria, mi existencia, ni hablar de buscar nuevas metas u objetivos. Sólo seguir de la manera más simple imaginable tendría que acomodar algunas cosas antes. Era eso que no podía acomodar lo que me impedía ponerme en marcha. No es momento, no están dadas las circunstancias. Dando todo el poder, a lo que tenía o me faltaba. En tiempo, dolor o recurso.

Sin entender ni vislumbrar la posibilidad de que hubiera una forma de seguir hasta no acomodar las cosas, resolver el sentimiento, volver a confiar en mí o en los demás. Creyendo denodadamente que esto era imprescindible para poder seguir en esos momentos he aprendido y sigo aprendiendo, dado que el aprendizaje es una máquina de movimiento continuo que nunca se detiene, en cuanto lo hace, no es que uno terminó el aprendizaje. Sino por el contrario, uno empieza a retroceder. Aprendí que ése, justamente, es el momento de poner en marcha el camión.

Esos momentos en los que me encuentro virtualmente paralizado por la situación, ya sea porque no me encuentro con el estado de ánimo necesario o las condiciones no son las mejores, no poseo los medios o cualquiera sea la razón, son los momentos en que necesito ponerme nuevamente en marcha. Buscar nuevos horizontes, sin que necesariamente tenga nuevos planes u objetivos que me puedan ayudar a salir de donde estoy. Solo retomar la marcha un día a la vez. Porque mientras siga detenido, sin ganas de dar un solo paso más, pues en ese momento me estoy perpetuando en el impacto de un momento, de un evento. Al continuar moviéndome, al principio sin ganas ni voluntad, sin saber en qué proceso estoy, esas cosas que estoy esperando que se acomoden se acomodan solas, es una especie de magia quizás. Un misterio como eso pasa. Pero así me ha sucedido. El moverse es solamente levantarse de la cama y sin ganas ni voluntad retomar las actividades de todos los días. La máquina al principio está dura y le cuesta arrancar, pero rápidamente empieza a funcionar y todo va tomando su lugar.

Es ahora cuando vuelvo a recibir mensajes del espíritu, claro, no siempre los abro con la rapidez que desearía, que me recuerda esa sabia frase de aquel partido. Reacciono, debo aprender a hacerlo más rápido, y poner en marcha el camión. Si alguien alarmado se preocupa y me avisa en estado de alerta.

—Cuidado, los "melones" no están listos para partir. Espera, mejor acomoda todo antes. Espera que esté listo todo. Que sea el momento adecuado para partir.

Es el momento para recordarles: "no te preocupes si me pongo en marcha, con la marcha se acomodan solos". El peor de los casos es cuando el que da la voz de alerta es esa voz interna, siempre dispuesta a ver lo malo. Soy yo mismo. Igualmente me hago fuerte y le digo:

—Tranquilo, sé que ahora no parece, pero los melones se

acomodan solos. Siempre encuentran su lugar. Su lugar nunca suele ser el que yo creía que tenían que tener. Es otro más perfecto, que yo no podía ni siquiera imaginar. El dolor no se va como pretendía o deseaba solo aprendo a convivir con él o depende de lo que sea que estoy transmutando. Se convierte hasta en la fuerza y la razón de ese movimiento. No es que el dolor se vaya, pero como mi atención empieza a ir hacia otras cosas, como resultado indispensable del movimiento, eso ayuda mucho.

Así pasa con todo, cuando saco mi atención del hecho, entonces el hecho pierde poder y no desaparece, pero sí se diluye. En ese proceso todo empieza a acomodarse como siempre lo ha hecho. Con todo quizás puedas pensar que este evento sea de una trascendencia o importancia que no es comparable a ningún otro de tu experiencia. Seguramente así sea. Pero tampoco escapa a la regla general. Aunque parezca redundante, esta parálisis que provoca "eso" que estamos viviendo, con el movimiento se ve claramente que también va a pasar.

Muchas veces, cuando estoy en esos lugares, todo parece muy complicado y prácticamente imposible seguir adelante. Es justamente en esos momentos cuando hay que sacar una "obsesión casi asnal" para seguir adelante aunque todo esté desordenado y yo más bien desganado.

Hay un principio de la física que se llama "La ley del flujo", que dice que a mayor movimiento, mayor energía. A medida que el movimiento aumenta, la energía también. Esto también pasa con nuestras vidas, mientras más cosas hacemos más energía tenemos. Nunca estuve más falto de energía que cuando me tocó estar dos meses en casa sin poder trabajar. Por el contrario, cuando tengo picos fuertes de actividad es cuando con más energía me he sentido. Todos sabemos que, no hay nada que quite más las ganas de hacer algo, que el no hacer nada. En cambio cuando la actividad es fuerte, pareciera que tenemos más energía. Es la ley del flujo, que se hace presente. No es que tengamos que esperar tener ganas para hacer, tenemos que hacer para que aparezcan las ganas. Es una ley y, como es ley, se cumple.

Lo difícil de todo esto es encender el motor. Como sabrán, para eso se necesita o bien la energía de la batería o que alguien nos empuje. Cuando la batería no tiene energía hay que cargarla. Nuestra batería, que no difiere en mucho de la del coche, es una caja que de algún modo lleva adentro el poder de mover un motor por algún proceso, el cual no entiendo bien, pero no me preocupa dado que arranca el motor y se alimenta del movimiento mismo. La nuestra también conlleva un poder casi mágico y encierra el poder para poner en marcha el motor. Tiene procesos internos que de algún modo casi místico puede levantarnos cuando estamos casi muertos. Es esa fuerza que todos llevamos dentro, la cual es capaz de arrancarnos de los letargos más sombríos. Volvernos a la vida, claro que en ciertas ocasiones y porque quizás se ha usado mucho o por el contrario la falta de uso. Las baterías tienden a desgastarse o a no tener la energía necesaria para arrancarnos. Esa batería se carga claro con el movimiento y principalmente con la verticalidad. Con la conexión a la superior, y en esto cada uno encontrará su forma, su manera a través de sus creencias. En más de diez años de impartir el Método Cyclopea creado por Fresia Castro, en diferentes países donde he realizado seminarios, charlas y curso; he comprobado que personas de todas las creencias o ninguna alcanzan esta conexión que instantáneamente recarga su batería. Al recuperar su potencia original como creadores.

Pero si no haces nada de eso, movimiento o verticalidad,

entonces es necesario que nos den un empujoncito, el cual, en muchos casos, se convierte en un gran empujón. Quien lo da, depende del caso de cada uno. Mi experiencia personal me dice que en general, sobra la gente con ganas de empujar. Claro, la parte difícil no es encontrar quien empuje, puesto que siempre aparece la persona indicada en el momento preciso. Con ganas de empujar. Es como un misterio.

El tema no es encontrar la ayuda idónea (eso lo veremos más adelante), sino poner el auto en condiciones de arrancar. Los que han tenido la experiencia de alguna vez haberse quedado sin batería en algún vehículo, saben que alguien tiene que empujar, pero otro debe estar al volante y preparar el auto para que arranque. En nuestro caso, los que debemos preparar el auto para ponerlo en marcha somos nosotros. Poner el contacto, el darle corriente eléctrica al vehículo, sería cerrar el paso a los pensamientos de no posibilidad que nos quitan la energía. Si bien no estamos bien, nos conectamos con la posibilidad de seguir. Cortamos con la autocompasión o la victimización. Eso nunca ayuda, aunque solemos recurrir rápidamente a ese mecanismo de control. ¿De control? Pues claro, cuando nos victimizamos queremos controlar a otro u otros. Pero, como todo mecanismo de control, se agota su efecto en el proceso agotándome a mí y a los otros también. Hasta se cansan de la víctima constante. Déjalos, ya probaste que no sirven esos mecanismos. Sé que ya los probaste y sé que no funcionan. Lo sé porque también los probé y comprobé que no funcionan.

Nos dejamos empujar por aquellos que nos conectan con el futuro que no es, pero puede llegar a ser. Claro que siempre están y no faltan los que empujan al revés. Pero por suerte a estos se los identifica rápidamente. Siempre hablan de no posibilidad y del pasado. De ese juego tan nocivo de culpables y culposos, de víctimas y victimarios. Lo peor del caso es que son justo los que dicen eso que queremos escuchar. Nos refuerzan el sentirnos víctimas o culpables. Quizá sea por simple ignorancia, o porque les gusta vernos postrados. Esa ayuda tiene que ser rápidamente descartada. En ese caso hay que abrirse para que vayan a empujar a otro lado. Si ya te tomaste tu tiempo para llorar, ya está bien, no hace falta más nada que eso.

Hay que conectarse con el futuro y dejarse empujar. Es solo un segundo, en cuanto arranca, ya la energía empieza a fluir y la batería se recarga rápido. Solo hay que poner en marcha el motor y todo lo demás empieza a fluir. Es la ley de flujo, como ya les dije, como es ley se cumple.

En mi caso, en cuanto vuelvo a la acción, todo empieza a mejorar. El ánimo a mejorar y la energía a crecer. Si todo no está en orden, pronto se va a ordenar. Lo importante es romper la inercia y salir del letargo.

El tema es que el que viene a empujar para atrás dice justo eso que quiero escuchar y los que vienen a empujar para que arranque dicen todo lo que no quiero escuchar. Me enoja escuchar lo que dicen o hacen. Pareciera que no ven que estoy mal.

Cuando alguna situación me tiene muy apagado, busco la manera de poner en marcha el camión, con esto todo lo demás se va a ir acomodando.

Siempre en el movimiento esta la energía. Si me quedo quieto, como sabemos, la energía no se pierde, pero sí se estanca. Nunca debe estar estancada, da lo mismo como entendamos a la energía, ésta siempre ha sido una y siempre cumple los mismos principios fundamentales. Tiene que estar en movimiento, así se transforma, así nos transforma, así nos transformamos. Estancada, detenida, produce más de lo mismo. Siempre hay muchas razones para no hacer. Más cuando lo que ha pasado nos tiene tan paralizados por la fuerza del evento que sólo tenemos ganas de dormir una década. Ése es el momento de ponernos en marcha, siempre van a faltar cosas, motivos, objetivos o preparación. Pero hay momentos donde ni siquiera es importante el proyecto que te pone en marcha. Es más, quizá vaya en vía muerta. Pero sí sirvió para arrancarme de mi propia cárcel de conversaciones y pensamientos deprimentes. El trabajo está hecho. Tiene más importancia el hecho de ponerse en marcha que el motivo que generó la actividad. Además, esto es algo que estoy haciendo por mí, no por los proyectos. Para eso ya habrá tiempo cuando se acomoden los melones. Si yo me pongo en marcha todo lo que me rodea se va a ir acomodando. Sino, quedo encerrado en ese evento que me estancó. Por eso no sé cuál será tu situación, pero retoma el estudio, vuelve a trabajar, a escribir, a pintar o cantar. Sal, vuelve a ponerte en circulación que esos "melones" casi mágicamente se van a ir acomodando. De maneras que no puedes imaginar en este momento, pero va a suceder. Solo necesitas que tu energía se vuelva a poner en movimiento. En eso reside la magia. No trates de controlar nada. Solo ponte en acción nuevamente y todo te va ir acompañando. Si estás estancado, todo se estanca y pierdes una vida tratando de acomodar, reorganizar, rencauzar lo estancado. Somos seres creadores que vamos creando nuestro mundo. Si lo que nos pasó tuvo tal fuerza que nos paralizó, nuestro mundo también se paralizó. No es momento de revisar, si eso lo creamos o no, es momento de seguir adelante. Más adelante con mayor perspectiva, vamos a poder ver motivos, consecuencias, potencias desarrolladas o aprendizajes. No es momento para eso. Ahora hay que volver a poner en marcha el camión. Porque como tantas otras veces, se paró y tantas otras veces se va poner en marcha. Las cosas son como son y no como deberían ser. Claro que hubiéramos elegido que no se hubieran manifestado los eventos que nos paralizaron. Pero es un razonamiento en vía muerta, dado que fue el ponerse a pensar que sería si tal o cual cosa hubieran sido distintas lo que me lleva a victimizarme o llenarme de culpas. Claro que eso nunca ayuda. Hay que tener en cuenta para la próxima que siempre fue muy sabio el dicho "si mi mamá fuera mi tía, yo sería mi primo". Pocas cosas tan sabias como ésa.

No puedo esperar a que todo se acomode para empezar. Debo empezar para que todo se acomode. Empezar a moverme, volver a la actividad. Retomar la vida habitual o una actividad nueva. Lo único que marca una diferencia es volver a ponerme en marcha. De esa manera todo se va a ir acomodando. Así voy a ir creando las condiciones para que el proceso se desarrolle dejando atrás la parálisis propia de un evento. En el retomar la actividad se encuentra la clave que va a permitir que el proceso se siga desarrollando. Ese proceso que quizá no entiendo ni puedo ver el producto de la parálisis que genera el evento. Pero en cuanto retome la actividad, retomo el curso de un proceso que aunque probablemente invisible se va a ir desarrollando. Levántate y anda. Eso va a hacer que de a poco todo tome otro color. Porque el letargo, la sensación de que no puedo o no quiero, va a cambiar en cuanto te pongas en movimiento no antes. Esa sensación... *también va a pasar.*

7

No es bueno estar solo

Y dijo Jehová Dios: No es bueno que el hombre esté sólo; le haré ayuda idónea para él.

Génesis 2: 18

Una vez escuché que los seres humanos al contar con el don del habla disponíamos de una cualidad única y es la de comunicarnos. Me surgió la pregunta: si solo los humanos hablan, ¿entonces solo los humanos nos comunicamos? Lo cual no me cerraba del todo. Dado que muchos animales también se comunican. Buscando en el origen de la palabra comunicación se desprendía común acción. Si la comunicación es esa capacidad de poder coordinar acciones comunes, entonces la comunicación excedía al habla, puesto que varios animales tienen algún tipo de comunicación efectiva, porque tienen acciones en común. Lobos que cazan en ataques coordinados, hormigas que crean puentes de cuerpos para cruzar abismos, etc.

Toda esta divagación me daba a pensar que si nos comunicamos porque hablamos o hablamos para comunicarnos.

Parece algo sin mucho sentido, pero síganme un poco. ¿Por qué los primeros hombres necesitaron coordinar acciones? Dado que hay muchos animales que viven en solitario. Se juntan con otro de su especie, se reproducen y siguen su vida en solitario. La pregunta era: ¿por qué lo hacen? ¿Por qué viven en solitario? Lo primero que me surge es: claro, debe ser más sencillo, menos individuos, menos problemas. Menos egos que conformar, menos preocupaciones. No tener que andar cuidando, ni interactuando con nadie etc. Todo mucho más fácil.

Pero generalmente y siguiendo los razonamientos de Marco Aurelio, la explicación debe ser la más simple. Viven solos porque pueden. Los hombres no lo hacemos porque no podemos, más allá de los gustos.

Creo yo que los primeros hombres vieron la necesidad de comunicarse, dado que necesitaban coordinar acciones mínimas como la caza y la recolección de frutas, el cuidado de la manada, etc. Dado que no eran ni los más rápidos ni los más fuertes y tenían que coordinar una simple acción del tipo, tú por allá, yo por acá. A raíz de esto tuvo que desarrollar un habla para facilitar estas acciones comunes, que derivaron en la comunicación, en la común—acción. Acción que encaraban en común distintos individuos.

Siendo igualmente el hablar, según algunos pueblos originales de América, el estadio de menor calidad de la comunicación, habiendo en otros tiempos de otras frecuencias formas más perfectas como la que denominan corazón a corazón u otras menos perfectas que esa, pero mejor que la actual que denominan cabeza a cabeza. Algunos pueblos Andinos cuentan que en el momento que empezamos a hablar junto con el habla nació la mentira. Pero todo eso ya es harina de otro costal.

Todos esos pensamientos me llevaran a una conclusión que figuraba hace 3000 años en el Génesis de Moisés.

"No es bueno que el hombre esté solo. Le haré ayuda idónea" (Génesis 2:18), tengan en cuenta que no dice compañía. A este hombre lo podemos ampliar a un hombre como especie. No a una identidad de género especifica. No es bueno que un ser humano esté solo, necesita ayuda idónea.

¿Para qué necesita ayuda? Para todo. El ser humano no es un animal social porque le guste estar con otros. Esto es irrelevante, lo es porque lo necesita. Primero, para sobrevivir como especie y, luego, para vivir. Claro que muchas veces resulta que la gran mayoría de las situaciones que nos generan sufrimiento tienen que ver justamente con las personas que de uno u otro modo nos rodean. Claro, esto en un análisis superficial. Yendo más profundo, nos daríamos cuenta de que en realidad no pasa por los demás sino por nuestra manera de relacionarnos con ellos. Muchas veces, en diversas ocasiones, no me digan que no pensaron que sería mucho más fácil el vivir solos como en alguna isla desierta. Alguna vez se me ocurrió la idea. Pero así y todo, hasta Robinson necesitó de Viernes.

Viendo esto, quizá no les extrañe que en más de una ocasión se me ha ocurrido la idea de aislarme, solo en alguna montaña solitaria o en todo caso junto a mi familia naufragar en alguna isla olvidada del Pacífico. Claro, esto a todas luces resulta más complicado que el vivir en la sociedad. También cierto que no por complicado menos tentador. Desde ya traería algunos temas logísticos, pero sin duda menos problemas con las personas. Asimismo este entramado de relaciones que muchas veces nos hace sufrir es la gran medicina al mismo tiempo para bajar y hasta curar el sufrimiento.

Es digno de destacar que en Génesis 2:18 dice que Jehová dijo: "le haré ayuda idónea a Él", y no dice le haré un compañero para que no se aburra o le haré un grupo de gente para que lo ayude. Y mucho menos le haré una mujer para que no pase frío en la noche. No, claramente dice: le haré ayuda idónea a Él o, por lo menos, es lo que dice en mi traducción hecha por el monje Jerónimo Casiodoro De Reina en 1569 y revisada por Cipriano de Valera, otro monje en 1602, y que fuera revisada de nuevo en 1862, 1909 y 1960. Parece una traducción bien chequeada para los conocedores Reina—Valera 1960.

En ella se lee claramente "una ayuda idónea". Raro, quizás. Sobre todo para los hombres que creen en esto. A los cuales en exceso de testosterona alguna vez se les escucha decir y creer:

"¡a ustedes las crearon después y de una costilla nuestra!".

Esta creencia, que muchas veces es el origen de tanta violencia de género; este sentido de superior o inferior. Lo malo es que no tantas chicas leen Génesis, sino fácilmente podrían contestar: "será, pero fue porque, como siempre, el señorito no podía solo y necesitaba ayuda. Menos mal que llagamos nosotras para que la cosa funcione".

La verdad que el Edén sería un lío con Adán solo. No lo digo yo, al parecer eso le pareció a Jehová.

Bueno, volviendo a lo nuestro: cuando las cosas se me ponen feas solamente he podido salir adelante con ayuda idónea. Las veces en las que no he salido tan rápido o muy lento o he terminado estrellado. Éstas están directamente relacionadas al grado de aislamiento que tenía en ese momento.

En el momento que un evento presenta toda su fuerza me es natural buscar aislarme. Suelo pensar que nadie puede comprenderme, que nadie tiene mi visión, mi interpretación. En definitiva, mi manera de ver las cosas. Así que, si nadie la tiene, es mejor que me las arregle yo solito. Como dicen: "el buey solo, bien se lame", lo cual termina siendo el peor de los errores a todas luces, dado que la única posibilidad que tenemos de salir del lugar no grato en el que estamos es con una ayuda idónea.

Son dos palabras y vienen unidas: "ayuda e idónea". Si por la misma situación en la que nos encontramos cortamos nuestras relaciones, nos aislamos o nos encerramos en nosotros mismos. O lo que muchas veces suele ser lo mismo, en el mismo grupo de personas, ya que el resto no me comprende o no quiero dar tantas explicaciones. Explicando cosas tan obvias para mí, pero que otros no pueden y, hasta parece, no quieren entender. Puede ser también que lo considere un método de protección si me he aislado.

Es la mejor forma de perpetuarme en lo que estoy sintiendo, sin querer que nadie me traiga un punto de vista, una mirada distinta. Vuelvo a entrar en ese estado tan seductor que es el victimismo. ¿Me aíslo por el dolor que tengo? No es así. Me aíslo porque es la forma que encuentro para seguir en el mismo estado. El personaje de la víctima que se protege y no quiere ceder terreno. Estoy más seguro, protegido de las personas que me dicen lo que no quiero escuchar. Por eso rompo relaciones. Rompo las que me llevan a cuestionar mis razonamientos o acciones, y refuerzo aquellas que lo avalan. Aunque sea autodestructivo pienso que es para protegerme o para no sufrir. Pero tranquilo: las relaciones se destruyen, pero también se pueden reconstruir. Porque en esos momentos suelo romper las que debo mantener y mantener las que debo romper. Pero he aprendido algo. Para algo fueron sirviendo tantas caídas. No es fácil, pero sí trato de mantenerlo muy presente. Es que, en cuanto me encuentro empantanado, trato de buscar una ayuda idónea Quizá no sea la más idónea, pero sí la más idónea de las que está a mano.

Una ayuda idónea es para mí esa de las que te dan un empujón para que arranque tu camión. Porque claro, ayudas hay muchas. ¿Pero cómo reconozco la idónea?

En mi caso, es algo interno en cuanto estoy con este "ayudador". Descubro si es el idóneo si cuando estoy o hablo con él, algo dentro de mí vuelve a brillar aunque sea por un breve momento. Gente que se acerca en un momento difícil a decir cosas, hay mucha. Claro, muchos con sus palabras, su ánimo o su gesto no solo no logran que vuelva el brillo, sino que se apaga hasta el resplandor que quedaba y muchas veces hacen que se asiente más la oscuridad. Hasta muchas veces creo que me entienden, dado que se tiran a mi pozo. Eso suele pasar con ése que se acerca y cree que tiene que tener una palabra por compromiso. No está comprometido a ayudar, si no ayuda por compromiso. La ayuda idónea tiene compromiso a sacarme de donde estoy, de volverme al ruedo. No está comprometida a cuidar su ego y el mío diciendo lo que quiero escuchar. Él tiene compromiso a la relación y no una relación por compromiso. Una ayuda quizá de buen corazón pero no idónea, que no siente que lo que tiene que hacer es meterse en el pozo conmigo. Quizá no sabe o no puede ayudarme a salir y toma el camino fácil. Es ese que se acerca y te dice cosas como "tienes que ser más optimista, más positivo".

Te dan ganas de contestarle: "claro, desde tu lugar es fácil, ¿no?".

Esas frases hechas que claramente lo delatan como una ayuda no idónea. No porque no tengamos que ser optimistas, sino porque es algo que sabemos, pero en ese momento no podemos hacer. Pero siempre hay de los otros, que por más que estés caído y destruido, siempre encuentran la manera de que tu alma, tu espíritu, tu corazón, tus centros de energía o lo que sea que entiendas, vuelvan a brillar. Poco a poco vamos retomando la luz y vuelve el entusiasmo. Aunque ciertamente, para hacer eso, necesite el ayudador sacudirte un poco.

Cuidado, que muchas veces a estos "ayudadores idóneos" es a los que menos queremos escuchar, dado que nos hablan de esfuerzo, volver a intentar, levantarnos y no se compadecen de nosotros ni lloran nuestras penas.

No porque no las sientan o sean insensibles, sino justamente porque nos quieren ver de nuevo en el ruedo. Entonces ellos no están comprometidos a caernos bien o decirnos solo lo que queremos escuchar. Ellos están realmente comprometidos a la relación, y es por eso que hacen lo que hacen de la manera en la que lo hacen. Muchas veces desde nuestro estado de ánimo podemos llegar a sentir como un ataque. Claro está que todos los ayudadores idóneos no tienen un manual de procedimientos y lo hacen como pueden. O como les sale. No son profesionales. Están comprometidos a ayudar. Aunque muchas veces no es de la mejor manera. Pero debemos reconocerles el esfuerzo. De tener tal compromiso a ayudar, que hasta no les importa cuidarse. Es más compromiso por ayudar que a cuidar la relación. En los otros, muchas veces es al revés.

Una ayuda idónea cuando estoy caído en un pozo, no es que alguien llegue y se tire conmigo y me diga: "te comprendo, estoy aquí abajo a tu lado, vamos a salir juntos". Claramente, le diríamos: "gracias, pero desde arriba me ayudas mucho más. No lo tomes a mal. Ahora somos dos los que hay que sacar de este pozo". La ayuda idónea no es la que hace lo que nosotros queremos, ni nos apaña en lo que nosotros queremos. Es la que hace lo que necesitamos y nos impulsa a que hagamos lo que no podemos hacer en ese momento, pero que debemos hacer. Muchas veces no es lo que tenemos ganas de hacer y lo que nuestro estado de ánimo quiere en ese momento es que nos compadezcan o nos entiendan. Que no nos pidan más de lo que podemos. Si esa ayuda acepta eso, pues entonces claramente no es la idónea. No hay mejor fórmula de fracaso que hacer siempre lo que quiero. Eso lo he comprobado reiteradas veces.

Por el contrario, las personas que se revelan como la ayuda idónea que estamos necesitando, a veces se enojan con nosotros por nuestra falta de entusiasmo, de ganas. Nos desafían, nos pinchan, nos incomodan. No nos consienten en los caprichos. Nos obligan a más cuando estamos seguros de que no podemos más.

En mi caso, tengo la inmensa suerte de contar con unos cuantos de estos ayudadores idóneos muy a mano en casa o muy cerca mío y poco a poco voy aprendiendo a juntarme con ellos cuando siento que voy perdiendo el entusiasmo. Seguramente tú también tienes en mente a algún ayudador idóneo por ahí. Si no lo ves desde hace mucho tiempo, búscalo, porque te estará esperando para darte ese empujón. Además, algo que me fue dando la experiencia es que, si bien no sobran, tampoco faltan y siempre tenemos a dos o tres cerca. Si no sabes reconocerlo, es fácil: son esos que cuando hablan contigo no te reprochan lo que hiciste, ni te juzgan, solo te llevan hacia adelante y te hacen recuperar el entusiasmo. Aunque solo sea preparando una cena, un desayuno o haciendo una pequeña fiesta de cada momento cotidiano. No te tratan ni conversan contigo entendiéndote como una víctima de las circunstancias o de algún victimario. Pero sabes por donde están. Siempre están a mano, aunque no encima.

Saben mantener la distancia, somos nosotros los que tenemos que ir a su encuentro. Es nuestra responsabilidad, la llave que abre el proceso. Nuestra voluntad de salir. Ellos no andan empujando vacas echadas. Primero se tienen que parar. Ya con ese solo gesto estamos haciendo mucho. Siempre somos nosotros quienes no nos acercamos a ellos porque sabemos que nos van a pedir que hagamos cosas que no estamos dispuestos a hacer o cortar con cosas que no queremos cortar. Es un pequeño paso para cualquiera, pero un gran paso para nosotros.

En ese momento, estamos convencidos que nosotros estamos viendo las cosas como son y no ellos. Es increíble que seres humanos con sentidos imperfectos podamos creer que tenemos impresiones, interpretaciones perfectas de las cosas o situaciones. Nuestros sentidos son imperfectos, esto es claro. Por ejemplo, nuestra sentido de la vista no es perfecto, solo podemos ver un pequeño rango de frecuencia. Para ser exactos: entre 3,8 por 10 a la 14 hertz a 7,8 por 10 a 14 hertz. Entre el infra rojo y el ultra violeta. Así nuestro sentido del oído y los otros son imperfectos. Desde ya, son interpretados por un pequeño porcentaje de nuestra capacidad cerebral real. A toda esta imperfección le sumamos un estado de ánimo que no es el mejor por lo que nos está sucediendo. Con todo eso creemos firmemente tener una visión o interpretación clara de lo que está pasando. Esto es, cuanto menos, un poco raro. Claro que las demás personas tienen nuestras mismas limitantes en cuanto a la imperfección de sus sentidos, pero quizá no miran a través de nuestro estado de ánimo.

¡Importante! Estas personas, los ayudadores idóneos, siempre nos hablan de futuro y no andan reprochándonos el pasado. Sí en muchas ocasiones nos ayudan a revisarlo para sacar experiencias y aprendizajes de él. No para juzgar o reprochar. Es importante este punto. La ayuda realmente idónea no nos reprocha los errores. Claramente este hecho no los avala, solo que desde algún sitio comprende que es hacia adelante donde vamos a seguir. Nos hablan de futuro, pero sin desconocer el presente. Es más, nos hablan de futuro a pesar del presente. Ven un futuro que nuestro estado de ánimo hoy no ve. Todo esto sin dejar de entender que la vida no es pasado ni futuro, sino hoy. Que ese futuro deseado no depende de lo que pasó hasta ahora. Sino de lo que haremos a partir de ahora. Así que, si no puedes encender el motor porque la batería está muy baja, es fundamental para ti que salgas de ti mismo y busques ayuda. Primero, para poder salir del pozo en el que te encuentras. Y segundo, para poder ir hasta donde quieras ir. Porque a algún lado irás, aunque tu estado de ánimo hoy no lo vea. Si lo ve, ya estás listo.

Una vez que te hayas encendido y puesto en marcha de nuevo. Recuerda esto y quizás evites alguna situación desagradable. Lo que debes tener cuenta es que nadie puede solo, no te aísles. Pedir ayuda no es señal de debilidad, sino por el contrario: de inteligencia. Busca esta ayuda, quizás esté cerca de ti. Ya sea un profesional o esté en la divinidad. Esa siempre está y es idónea. Donde sea que esté, búscala. Ese es el primer paso.

He aprendido que nada de lo que está en la Biblia está por estar o está de más. Si dice ayuda idónea, y no solo ayuda. No es porque querían rellenar espacio. Es para aclarar que existe la ayuda "no" idónea también. Porque sino, no haría falta el calificativo.

Debes estar atento a la ayuda que no sea idónea. Porque puede profundizar el problema en vez de colaborar. Probablemente lo hagan de buena voluntad, con buen corazón.

Pero su accionar o sentir solo sirve para perpetuar el estado en el que estamos o para consentir a mi ego, en su necesidad de ser consentido. Otra quizá sería para conseguir algo para ellos aprovechando mi estado. Claro que muchas veces creemos que la gente que se acerca a llorar nuestras penas o a rumiar nuestros rencores, nos ayudan. En realidad esa no termina siendo ayuda idónea. No nos ayudan a salir del estado en el que estamos, por el contrario: lo perpetúan. No dejes que tu ego tome el control, a él le encanta ese tipo de ayuda, que le dice lo que quiere escuchar y lo deja en el lugar que quiere estar. Víctima, regodeándose en su propia desgracia.

Busca la ayuda de personas que te desafíen y que te saquen del lugar en donde estás y te lleven al que tu ser luminoso quiere estar. Eres un ser luminoso, sin duda todos lo somos. Debajo de tanta oscuridad que nos rodea, somos seres de luz, teniendo una experiencia física. No es al contrario. Aunque muchas veces te cueste ver esto. Sobre todo cuando estamos en momentos difíciles como quizás éste que estás pasando ahora sea uno de ellos. No olvides que eres luz en un cuerpo humano. La ayuda idónea es sin duda la que logra encender esa luz que creemos apagada pero solo está tapada, disminuida pero no extinguida. Eso nunca. La ayuda que te acerque a reencender esa luz que proviene de nosotros mismos está cerca. No creas que no están cerca, porque lo están. Esos seres, la ayuda idónea está. Si no está físicamente, seres muy luminosos han dejado su ayuda para otros inalterables a través de sus obras, que por ellos o por otros fue puesta en literatura. Hay mucha ayuda idónea en literatura. Cuántas veces me ha pasado que la ayuda idónea ha venido de un libro, una historia, hasta una película. Ese libro que reenciende esa luz interna que nunca se apaga. Ni siquiera cuando pensamos que ya no va a encender. Nuestros sentidos imperfectos no pueden ver algo perfecto como nuestro origen divino de seres de luz. Por eso no confíes en ellos. Como dice una amiga mexicana: "somos luz y nada nos puede dañar". Es encontrar la ayuda que nos lleve a reconectarnos con esa luz, que nada ni nadie puede dañar realmente. Quizá temporariamente las circunstancias puedan hacerte creer que se apagó, pero eso, *eso también va a pasar…*

8

<u>El viejo Cronos siempre cumple…</u>

"Veinte años no es nada" cantaba Gardel en el Volver de Alfredo Le Pera. Si bien las letras de tangos me suenan siempre muy ingeniosas, esta vez voy a disentir con el maestro Le Pera. Veinte años es muchísimo más que nada. Lo cambian todo en lo personal. Suelo ver que muchas aristas y filos se suavizan y redondean. Las cosas pierden intensidad con el tiempo. Los colores intensos de las peleas y los sinsabores se destiñen y pierden color. Muchas cosas se vuelven como los vinos, más interesantes y ganan en cuerpo con los años. Claro: cuidado con lo que guardas, porque los rencores, odios y envidias suelen avinagrase. Por eso trato de no guardarlos. No es bueno. A ver si se derraman y me avinagran a mí. Es lo que siempre termina pasando, por eso siempre conviene no guardarlos o rápidamente resolverlos. No dejarlo adentro.

Me gusta más la idea de ir aprendiendo y sacarle nuevos jugos a frutas viejas. Esto me suele pasar muchas veces en el momento en que suceden los hechos y no las veo. Pero con el paso del tiempo esto se va revelando y va cambiando el sentido que le di en su momento al evento. Al hacerlo, yo he cambiado. Si en tres años sigo siendo el mismo que era hace tres años, acabo de perder tres años. Siempre estamos cambiando, evolucionando. Por eso podemos leer un libro cinco o seis veces. O ver una película reiteradas veces. En cada experiencia que releo el libro o vuelvo a ver la película, parece otro u otra. Encuentro cosas que la otra vez no vi o entendí. Lo voy disfrutando cada vez más. Hasta entiendo cosas que la vez anterior habían pasado totalmente desapercibidas para mí. Hasta el punto de pensar que esto acá no estaba antes. No lo leí o no lo vi. No es que eso no esté, es que yo no soy el mismo y, por lo tanto, interpreto, entiendo, analizo o disfruto de otra manera. Esto lo vemos reiteradamente con mi hermano Federico, que damos charlas, seminario o taller por distintos países o ciudades. Al principio nos sorprendía que la gente repetía el taller o el seminario. Si para nosotros era el mismo. Pero ellos siempre nos relataban que no. Que para ellos había sido una experiencia totalmente distinta. Claramente en ese caso ni ellos ni nosotros somos los mismos. Eso hacía una experiencia distinta.

En el momento que algo sucede, en la proximidad del evento, estoy tan gustoso o dolido de salir de ella que no tengo la claridad ni el ánimo para sacarle el jugo que siempre tienen todavía a flor de piel muchas emociones y sentimientos como para sentarme a ver la enseñanza o el mensaje. Pero definitivamente muchos menos de veinte años ya es algo y se les puede encontrar enseñanzas y aprendizajes a cada circunstancia mal calificada en su momento. En el momento, con la herida sangrante no hay más atención que en parar la hemorragia y curar la herida. No son momentos de reproches ni análisis, aunque en el futuro pueda encontrar un motivo, una razón de ser en mi historia de vida a esa herida. Hasta quizá benéfica o si quieres lo mejor que me puede haber pasado en la vida que hizo que todo tomara otro rumbo. Esa posible conclusión futura no va a lograr que hoy duela menos. Como es algo que voy a ver en el futuro durante el combate y no pueda ser un consuelo. Quien venga con esa interpretación a la sala donde se está curando la herida, sin duda saldrá con palabras que no vendría a cuento repetir aquí. Pero si bien esto es cierto, tan cierto es lo otro también. Que el tiempo da nuevas interpretaciones a los hechos. Que mientras están sucediendo no se puede entender.

Si perdí un vuelo porque al taxi se le pinchó una rueda camino al aeropuerto, mientras el taxista cambia el neumático, mientras espero y discuto en el mostrador de la aerolínea; lo único que puedo sentir es rabia y frustración por haber perdido mí vuelo. No puedo evaluar en ese momento futuras derivaciones benéficas que mi pérdida pueda traer. Porque en ese momento son solo suposiciones, sin ningún sustento y la pérdida es real. Pero tendría que esperar que pasen para poder tener esa interpretación.

Muchas veces ni siquiera cuando esas derivaciones benéficas se presentan las puedo relacionar con esa supuesta mala suerte de la rueda del taxi pinchada. Todo es un proceso tan lento e inexorable, que puedo perder el hilo de los acontecimientos. No darme cuenta que todo está relacionado y conectado. Que nada es un hecho aislado. Cada hecho por insignificante que sea (con más razón los que no lo son) es un eslabón en cadenas tan grandes que muchas veces no se pueden entender o ver.

Desde los dolores más profundo de las cosas más simples y pequeñas, sin dudas también los logros (aunque suelen enseñar más los dolores), siempre todos dejan algo que nos enseña y nos puede ir sirviendo de guía. Que muchas veces nos cuesta ver en el momento, pero sin duda están allí esperando que los descubramos y los aprovechemos.

Hoy me empiezo a dar cuenta de que he estado

rodeado de ayudas sabias que me han acompañado desde siempre. Además, muchas experiencias que me fueron enriqueciendo, no siempre con gusto, pero sí definitivamente enriqueciéndome, me han ido forjando y preparando para afrontar situaciones que de otra manera quizás hubieran sido demasiado para mi corazón. Mientras más te fortaleces, más lejos puedes ir.

Hubo también mensajes. Siempre estuvieron a mí alrededor. Lo cual no implica necesariamente que los viera o tomara para mi aprendizaje, y no por eso estuvieron menos a la vista. Dice un principio legal: "nadie puede alegar su propia torpeza". Por lo tanto no lo voy a hacer. Las señales y mensajes estaban ahí y si no los vi, eso es otro tema. Si el dejarme llevar por hacer lo que tenía ganas de hacer fue mi guía. Ahora no voy a alegar mi torpeza de haber sentido que no era lo correcto. Pero dejarme llevar por la pasión, la ambición o simplemente el placer o la locura; las señales igualmente siempre estaban. Como seguramente lo están o estuvieron alrededor tuyo también. Éstas están porque lo invisible, lo superior en sí, que según tu creencia puede ser Dios, el universo, las hadas, los guías, los maestros o por qué no, "la fuerza" que siempre te acompaña. No discutamos el origen. Lo cierto es que alguien, algo ha estado conmigo y seguro contigo también desde siempre, tratando de enseñar y cuidar. También es cierto que no siempre tuve la madurez necesaria en el momento indicado para apreciarlas. Pero sí estaban allí esperando que las descubriera. Muchas ya las estoy viendo por suerte. Buscando la reconexión con ese origen-luz que es nuestro.

Pero como decía en el momento: esto no es nunca un consuelo. Me refiero al hecho de que el tiempo va ir suavizando las cosas haciendo que cicatricen heridas. Esto es algo que en el momento no queremos escuchar, pero es inevitable. Es lo que va ir pasando, como ha ido pasando cada una de esas cosas que fuimos viviendo. En su momento, parecían imborrables y hoy parecen cosas que hemos visto en una película. La inmediatez, lo que está pasando en este momento siempre me hace pensar que esto sí es inolvidable y muchas veces lo es. Otras, por el contrario, se van perdiendo en la neblina de los recuerdos hasta llegar a desdibujarse. Nombres, momentos, lugares, cosas, que cuando pasaban parecían imborrables. Esos se van volviendo cada vez menos claros, menos intensos. Y no porque nos esté persiguiendo el alemán. Si no porque así es. El tiempo todo lo cura. Las importantes no se borran. Claro que quedan en el recuerdo, pero la mente suele ser selectiva y solo mantiene los buenos recuerdos. Los momentos amables y divertidos, los que dan gusto recordar. Ésos son los quedan. Aunque sean de lugares, personas o situaciones que después terminaron de otra manera. Pero eso suele pasar. Los otros momentos deben quedar como enseñanza o aviso de no volver a repetir.

El tiempo pasa y aunque muchas veces queremos retener el dolor, la pena o la angustia de una relación, situación o persona porque es lo que nos quedó de eso, igualmente se van limando las asperezas y hasta eso que queremos guardar porque de última es mi pena o mi dolor, eso también se va limando, se va suavizando. Muchas no logran nunca desaparecer. Otras se diluyen mucho. Otras tantas quedan perdidas en las nieblas del tiempo.

Muchas veces esto llega como un alivio y, otras, nos sorprende pero es algo que se vuelve parte de nosotros. Que quedará como una herida que llevaremos de por vida como recuerdo de ese combate, pero al mismo tiempo que nos recuerda el combate, nos avisa que ya pasó. Claro que vuelve a doler de tanto en tanto. Pero nos permite ir continuando con lo vivido, lo aprendido. Si pudimos sacar algo de eso, de ese evento. Sino el aprendizaje o las potencias que vamos desarrollando son el poder haber seguido adelante después de semejante herida. Una potencia, una potencialidad que inevitablemente descubrimos, pero que hubiéramos elegido no tener, pero tenemos.

Como dice Pedro Bonifacio Palacio bajo el seudónimo de Almafuerte en su Avanti: "no serán tus caídas tan violentas. Ni tampoco por ley han de ser tantas".

Después de cada evento o mientras esté está pasando, claro que nos parece muy violento y sí: obviamente más veces de las necesarias. Pero recuerda ahora un evento lejano, que hoy haya perdió poder. Que en su momento te pareció el campeón mundial de los problemas. ¿Lo ves? Veinte años sí son algo o dos días, o hasta dos meses o dos semanas. Dos horas después de que pasó ese examen tan estresante, ya empezó a perder importancia. Aunque no lo creas vas a seguir viviendo después de la pérdida de ese gran amor o esa situación. Al principio no va a ser fácil, lo vas a llorar muchas noches, y hasta quizá mañanas y tardes. Pero vas a ir viendo que lo que hoy parece imposible va a ir sucediendo. Vas a poder vivir y hasta con el tiempo volver a reír. Algunos no te van a abandonar en toda la vida. Si bien el dolor no va a desaparecer, se va a ir convirtiendo en algo más. El viejo Cronos siempre hace su trabajo.

Otros, parece increíble, van a desaparecer en cuanto un nuevo amor, oportunidad o proyecto llene tu tanque de combustible y despegues. Claro, para que eso suceda vas a tener que estar dispuesto a despegar. A extender las alas. El tiempo se encargará de lo demás. Si te preguntas ¿cuándo va a pasar? La respuesta es: más temprano que tarde. Claro que el que espera, desespera. Pero todo llega.

Un día hablando con un hombre de campo, de esos de una sabiduría no ilustrada, es decir la real, de la que viene de la naturaleza, del contacto íntimo con Gaia, o la Pachamama. Me contaba que había discutido con su mujer y el conflicto estaba en su punto alto. O sea, lo habían echado de la casa y esas cosas. Este hombre, el que probablemente no podría leer estas palabras por no saber, me dice: "no pasa nada, estos temas, sabes Juan, son como hacer una fogata en campo abierto". Claro que me intrigó su respuesta y le pregunté cómo era eso. Con su simple claridad me lo explicó.

Claro, primero se pasa un buen tiempo apilando leña, se tarda mucho y cuesta trabajo. Después, con un pequeño fósforo se enciende y la llama crece hasta el cielo y parece que lo va a quemar todo. Pero sabes, todos los fuegos se apagan. Después queda solo la ceniza. Llueve, pasan unas semanas y ni la ceniza queda. Solo los que estuvieron saben que ahí hubo fuego. Así va a ser con esto, en un tiempo pasa, y no va a quedar ni el recuerdo. Hay que esperar solo que se apague el fuego y desaparezcan hasta las cenizas.

El paso del tiempo lo cura todo y más rápido vamos a poder curar esto que nos dañó o nos trajo sufrimiento si dejamos que llueva y no echamos más leña al fuego. Queriendo perpetuar una situación en el tiempo. Que eso hacemos, seguido. Volviendo y volviendo al mismo tema en nuestras conversaciones eternas y mucho más en las internas. Reavivando el fuego, no dejando que pase lo que tiene que pasar. Volviendo a retomar el camino. Es bueno el tiempo y enriquece las cosas. Qué buenos recuerdos tengo hoy de mis situaciones complicadas del pasado. Lo que es seguro en un futuro no muy lejano voy a tener buenos recuerdos de las de hoy. Las de hoy, lloro los dolores, sufro lo que tenga que sufrir, si me dejo muy bajo de combustible, busco la ayuda idónea para recargarme y despego, para que dejándolo atrás se pueda convertir en una enseñanza o un recuerdo. O simplemente se olvide. Se perdone, me perdone. Se sane y me sane.

Es más, te diría, aunque suene extraño: "disfruta el dolor, dado que va a desaparecer y no va a estar más". No con esa intensidad. Salvo que estés totalmente decidido a que así sea. Entonces le vas a seguir echando leña todo el tiempo.

Claro, también si hay algo feo, es no poder llorar los dolores por estar ocupado, dejarlos para cuando tengas tiempo. Suele ser muy malo. Lo mismo con los éxitos: disfrútalos, todo es pasajero. En más de una ocasión durante algún éxito, que también los tuve, estaba tan ocupado en "cosas importantes", que no pude disfrutarlos. Los dolores hay que llorarlos y los éxitos disfrutarlos porque van a pasar quieras o no. Van a quedar en el pasado. Así que lloralo todo, sácalo, mejor afuera que adentro.

Una vez escuché que hay veces que la sensación es tan intensa que el alma vibra y el cuerpo no lo puede resistir y llora. Dado que no hay una razón biológica para llorar cuando algo nos duele. Y nuestro cuerpo, esa máquina perfecta, no suele hacer nada sin una función, y el llorar no parece tener una. Así que, si lo que te pasó o te está pasando es tan intenso que hace vibrar tu alma; si es así, deja a tu cuerpo llorar, hasta que saque todo lo que tienes adentro. Que esté liviano para volver a despegar. No te aferres a lo que te está pasando. Porque ni siquiera es algo que puedas manejar, va a quedar atrás.

Quieras o no, eso va a pasar, como ya pasó antes y como volverá a pasar más adelante. ¿Que después de esto no vas a ser el mismo? Seguramente, como tiene que ser. Sí serás más fuerte o más débil, etc. Solo tu manera de interpretar esta situación lo decidirá. Si sacarás o no algo de esto. Quizá lo veas más adelante. Pero claramente no serás el mismo. Como hoy no eres el de hace cinco años. Si esto es para fortalecerte, debilitarte o cualquier otra consecuencia que pueda generar, sólo lo vas a ver hacia adelante.

Porque este momento que parece eterno como tantos otros que viviste, este también va a pasar.

9

Una trampa para monos

Para que las cosas que nos provoquen estados que no deseamos queden atrás, debemos dejarlas ir. Que no nos pase como a los monos en las trampas caseras que se hace en la selva.

Hace algún tiempo, cuando recién llegaba a la provincia de Misiones, con mucha zona selvática en su geografía, conversando con un lugareño, me cuenta cómo capturaban monos vivos para domesticar y vender. Una práctica reprochable, pero ésa es harina de otro costal.

Volviendo al tema. Me contaba cómo fabricaban una trampa casera que me llamó mucho la atención, no sólo por lo raro, sino por el llamado del espíritu donde me repetía "presta atención".

La trampa es así. Dejan en la selva una caja atada a un árbol. Esta caja de madera está llena de maníes, el cual aman los monos. La caja tiene un pequeño agujero en uno de los lados. Por la que entran a duras penas las pequeñas manitos de los monos. Preparan la caja y la abandona hasta el otro día, atada a un árbol en la selva. Cuando los cazadores se alejan, los monos bajan de los árboles atraídos por el maní. Introducen la mano por el agujero y agarran un puñado generoso de maní, como hacemos muchos cuando hay comida gratis. La cuestión es que la mano del mono no sale por el agujero, por el maní que tiene agarrado.

La boca de la caja tiene el tamaño necesario para dejar entrar una mano vacía, pero no como para dejar salir una mano de puño lleno. La cuestión es que al otro día vuelven los cazadores y encuentran al pequeño mono todavía con la mano dentro de la caja.

Esto que me pareció de una sencillez increíble me llevó a preguntarme: ¿y el mono no se va? "No, se queda agarrado al maní".

Parece increíble, pero este hombre tenía, o decía tener, nunca pude comprobar si era cierto, lo que él contaba. Él decía tener un medio de atrapar monos, basado en que los monos no abrían la mano para soltar los maníes. Tenían una selva para ellos y dentro de la caja un par de maníes, que podían ser tres o cuatro. Son monos muy pequeños. Parece muy tonto. Sea esto cierto o no. Algo dentro de mí resonó con esta historia. Dado que me vi inmediatamente en repetidas ocasiones siendo ese mono. Con toda la atención puesta en lo que tenía, mucho o poco y no en lo que eso me implicaba. El quedar agarrado a lo que tenía, cuidar eso que había conseguido. Cuánto me hacía perder el hecho de no poder alcanzar por estar atrapado a lo que tenía. Como le explica el personaje de Brad Pitt al de Edward Norton en el Club de la Pelea: "tus posesiones acabaran poseyéndote".

El llamado del espíritu implicaba que había algo más que una historia simpática. Era muy obvio. Cuántas veces me había visto (y me veo) atrapado en alguna circunstancia por no soltar tres o cuatro maníes.

Yo, que cuando escuche la historia lo primero que se me disparo fue: "qué tonto el mono". Se me convertía en qué tonto soy muchas veces. Lo peor es que a veces estaba atrapado. ¡Por un solo maní! Muchas veces ni siquiera quiero ese maní, pero es mi maní. El que conseguí. El que me tocó, me gané o lo que fuera.

Eso que yo creía que era parte de la especie más inteligente del planeta. Ese es un gran tema: creer que esas cosas no nos pasan por ser más pensantes. No es que no lo hagamos; es que muchas veces, el árbol no nos deja ver el bosque. Otra vez vuelve a tallar el poder de la atención, en donde pones la atención. Hace falta que nuestra atención esté centrada en un tema para que ese tema se convierta en el mundo. Como si todo lo demás no existiera. Como el mono, hay otra comida, pero sigue agarrado de ésa porque toda su atención está puesta en resolver lo que para él representa un problema en ese momento. Sacar los maníes, y claro que es un problema. Solo si mi atención se fue hacia ese lugar. Porque si el mono sacara su atención de ahí vería que se podría comer otra cosa, o ver cómo desatar la caja, vaya uno a saber, es cuestión de dónde está la atención. Siempre la cuestión es dónde está tu atención. A qué le estas dando fuerza. Las cosas, las personas, los eventos solo tienen la fuerza que tu atención les da.

Cuántas veces me ha tocado estar enroscado en situaciones que me resultaban tremendamente incomodas, dolorosas, perjudiciales, asfixiantes, etc. Lo eran por no soltar el maní. Lo eran por no poder sacar la atención de ellas. No poder simplemente ver fuera de mi problema. Al darme cuenta de que existe más aparte de esto, el problema deja de ser problema.

El soltar el maní, me hubiera evitado mucho dolor y sufrimiento. Como al mono, la ceguera o la ambición, quizá solo la costumbre me hacía seguir agarrado a él. Atrapado a un paso de liberarme, pero sin tomar la decisión más importante: soltar. Por eso, desde que escuché esa historia, siempre que estoy involucrado en alguna situación que me empiece a parecer complicada, trato de ver si no es porque estoy agarrando algún maní, el cual debo soltar. Es importante que lo suelte, porque es en ese momento en que uno suelta empieza a tomar perspectiva. En ese instante empiezo a liberarme de la caja en la que estoy. Porque claro, el problema no es el maní, es la caja en donde está. El tema es el contexto en el que está. Como en el caso del mono, el maní le gusta tanto que le provoca un estado de ceguera y no logra ver el contexto en el que está el maní. No es el tema si te gusta o amas a ese maní. El tema es lo que eso conlleva. Cuan atrapado me tiene el contexto del maní. Porque ya ni siquiera es importante saber si el maní es bueno o es malo. Lo único que importa es qué implica querer ese maní. En el mundo empresarial me ha tocado liderar equipos de personas, donde la interacción con las personas genera vínculos de afecto. Entonces el afecto hace mantener en el equipo a quien no aporta al equipo. Pero los mismos golpes me han enseñado que es siempre más redituable atajar potros, que empujar vacas. Lo que sucede es que las vacas son buenitas y uno se encariña con las vacas. Los potros son briosos e independientes. Por quedarse encariñado con las vacas a las que siempre hay que andar empujando, quedamos atrapados en resultados mediocres. Por eso he aprendido que es siempre mejor frenar potros que repuntar vacas. Con las vacas toma café, pero no formes equipo. Se convierten en maníes que te detienen.

Eso o ése que me detiene necesito soltarlo para que pueda dejarme libre para seguir. Por diversos motivos muchas veces me cuesta soltar esos maníes. Bien porque me encariñe con ellos o creo que no hay más maníes que estos. ¿Y si pierdo estos maníes y no puedo volver a encontrar otros? O quizá se puede llegar a creer que no hay más vida después del maní. Claro que también a veces no los suelto, solo porque me convenzo de que son "mis maníes". ¿Cómo los voy a soltar? Si hacen daño no importa. Uno llega a auto convencerse de que es cierto eso de que *sarna con gusto no pica.* En ese caso, como en tantos otros miles, la cuestión no es si el maní es bueno o malo, sino lo que trae consigo. No está en un plato, está en la caja de un solo y pequeño agujero. Por lo tanto me atrapa, me anula, pierdo la libertad. Ya no soy yo quien elige. En lo que ahora estás atrapado sin poder salir. Es una elección, ya sea consciente o inconsciente. Esa elección forja mi mundo. Son los dueños de la caja los que controlan la caja. El que controla la caja de encierro. Él me controla. Entonces ya no soy libre. No soy el ser libre y armónico del origen. Me convierto en un ser atrapado, preocupado, angustiado, no soy yo. Soy lo que he creado por esta elección. No soy víctima de los dueños de la caja. Es mi elección lo que me tiene así. Por mi atención creo que es lo único que tengo. Pues es momento de otra elección.

Hay situaciones o personas que por sí solas son valiosas. Pero muchas veces, en ciertos contextos, nos son dañinos o, como hoy, está de moda decir: son tóxicos. Eso es lo que les pasa a los monos, el maní les gusta, qué bueno. Pero eso termina siendo su propia trampa. El que nos guste, lo amemos o nos acostumbremos, sea cual sea el caso, no tiene mayor importancia o no debería tenerla. Si el contexto, lo que viene aparejado con ella nos daña, así sea nuestra manera de relacionarnos con la persona o evento, o por el contrario: la manera en que este evento o persona se relaciona con nosotros, es una cuestión de sentimiento. No todas las cajas son malas. Quizá siento que si bien ese contexto no es el que elegiría, por alguna razón lo acepto. Por la compañía, los beneficios o el amor. Estamos hablando de que me sienta atrapado por el contexto. No bien, sin poder brillar. Muchas veces yo no elegí, ni el maní o la caja. Llego a pensar que simplemente me tocó vivir esto. No importa si esto es así o solo una creación mía. Lo cierto es que muchas veces el maní es solo el dolor, la pena o la autocompasión. En todo caso también me tiene atrapado. También es mi atención la que me tiene en ese lugar. El hombre ama sus cadenas, así que muchas veces lo que nos atrapa son cosas que en cualquier momento dejaríamos. Pero en este momento se vuelven adictivas. No son cosas agradables ni que nos gustan. Pero eso no hace la diferencia. Como decía el hombre ama sus cadenas. Sabemos en todo momento que este sentimiento, hábito o persona nos hace mal, no nos conviene. Pero eso no implica necesariamente que lo soltemos. Nos quedamos aferrados a él, como si fuera lo único que tenemos. Nos atrapa, nos detiene.

Muchas veces me he visto en la trampa, autogenerada o dejándome influenciar por otros, he llegado a pensar: si suelto estos maníes y después no encuentro otros, ¿qué va a ser de mí? Siempre encuentro un justificativo para no soltar el maní. Como los monos deben tener los suyos. Da igual que me gusten o no, me aferro a ellos.

Lo que pasa es que si estás atrapado y la situación te tiene incómodo o sufres, es momento de soltar el maní. El soltar no implica dejar de sufrir, pero inicia el proceso. Es la llave de salida, claro, si el monito soltara el maní probablemente quedaría un tiempo rondando la caja. Viendo si hay una forma de conseguir esos maníes, sin quedar atrapado. Quizá la encuentre, tal vez no, pero ya es todo un adelanto. Si la encuentra, genial, bien por él. Si no, bueno, habrá que aceptar y seguir. De cualquier forma, es un adelanto. Aunque quede un tiempo sufriendo porque ya no tiene sus maníes. Ambas situaciones empezaron en el hecho de soltar lo que te atrapaba. Que no era la trampa, era mi sentimiento de posesión. Es no poder ver más allá de lo inmediato. No poder ver el juego completo, solo una pequeña parte. Por eso no es culpa del otro o de las circunstancias. Soy yo mismo el que crea la imposibilidad, el estancamiento, una situación auto creada. Lo cual es buenísimo, porque no depende de nadie más que de mí salir de ella. Eso empieza con soltar lo que me atrapa. Claro que no es tan simple, implica mucho coraje y mucho esfuerzo. No es simplemente abrir la mano. Es juntar todo el valor que tengo y hacer un gran esfuerzo por no volver atrás, para poder soltar eso que me atrapa.

Es más, al principio, el miedo a lo desconocido, a no volver a conseguir otro maní, así sea trabajo, oportunidad, persona o lo que sea, te puede tomar y quizá, como es lo que conoces, hasta extrañes al maní. Y esté muy tentado de volver a meter la mano en esa caja sabiendo que voy a quedar nuevamente atrapado en esa caja. Pero claro, agarrado a mí maní. Aunque cueste creerlo, hay muchos maníes en el mundo. La gran mayoría de éstos no están en contextos de prisión. Pero es imposible que los encuentres si no sueltas. Mucho cuidado con lo que suele decir el maní. Que si lo sueltas ya no va a haber otros maníes. O que ningún maní va a quererte. U alguna otra cosa desesperada que dice solo para tratar de atraparte. Pero qué sabe, si es solo un maní.

El principio es: "no puedes aprender de lo nuevo sin soltar lo viejo. No puedes agarrar algo si no tienes la mano libre para hacerlo". Es un principio ineludible. Si sigo con toda mi atención en algo, pues entonces no puedo ver nada más que eso. Si eso me llena de felicidad, gozo, prosperidad, realización o todo eso junto, qué bueno. Pero si por el contrario me llena de angustia, tristeza, escasez o falta de libertad, es tiempo de ir soltando. Porque lo que siento, de la calidad vibratoria de mis sentimientos, es de lo que se llena mi vida. Lo que siento tiene claramente que ver con dónde o en qué tengo puesta mi atención. Para cambiar lo que siento, tengo necesariamente que cambiar el objeto de mi atención. Se puede dar una combinación, donde, en ese caso, tendría que evaluar. Algo o alguien podrían darme prosperidad y tristeza o compañía y dolor, no sé, cualquier combinación que implique en algún punto no pasarla bien. En ese caso también hay que soltar. Liberarse, liberarse es valorarse. Lo de aceptar algo malo por un beneficio es siempre un mal negocio. No me refiero a un poco de incomodidad. Me refiero al sentimiento que me oprima y no me deje ser quien soy. Que me condiciona, me quita la libertad.

Me ha pasado de encontrarme en esa situación y pensar: "pero cómo hago, si bien sé que existen otros maníes, no los conozco o no sé dónde están o no sé si me van a gustar tanto. Capaz no esté capacitado para tomarlos o merecerlos". O cualquiera de esas excusas que nos ponemos para seguir en más de lo mismo. Para justificar nuestra falta de coraje al momento de arriesgarnos a la aventura. El dar el salto al vacío siempre implica un salto a lo desconocido. En otros ámbitos dirían un salto de Fe. Arriesgarse a lo que no conozco ni veo. Siempre pretendemos que nuestros pasos se lleven a cabo sabiendo qué hay o qué viene del otro lado. Si fuera así no sería una aventura, ¿no es cierto? Es siempre el momento de renovar el sabor de la aventura. Si no estamos a gusto es el momento de dar un salto al vacío. Solo te demanda que te esfuerces y seas valiente. Ya solo tratando de desarrollar esas dos cosas, con eso ya avanzaste un montón.

La experiencia me ha demostrado que solo necesito soltar. Salir de esa prisión que, como toda prisión, solo me permite ver el mundo por una pequeña ventana. Que cuando hago el esfuerzo, soy valiente y me libero. Pudiendo mantenerme firme y no recaer, ya sea por miedo a lo desconocido o por costumbre. El mundo es el que se me empieza a revelar, sin mayor esfuerzo que el de dejarlo que se revele, sin cerrarme a esta posibilidad, él me va mostrando que no solo hay otros maníes, sino más ricos, más grandes y sin tener que pagar el precio del encierro. Claro que el encierro lo entiendo como toda situación o relación, por acción u omisión, me tiene y no me deja brillar y volar en mi máximo potencial. Muchas veces es esa trampa terrible de las apariencias, el deber ser por encima del ser. Que nos pliega las alas, por el ser política, social, familiar, religiosamente correcto.

Yo me he encontrado extrañando actividades que en realidad me traían mucho sufrimiento y angustia. En muchos momentos pensaba que no podía no hacerlas, ya sea porque eran lo que sabía hacer u obviamente me gustaba hacerlo. Era un hermoso maní, pero en una terrible caja. Tuve que soltarlas un día, no sin alguna lágrima o incertidumbre. Claro, asaltan las dudas en esos momentos. Sobre qué voy a hacer ahora. Tengo que deshacer lo que hice. Miles más. Si siempre hice esto y además no me sale mal. Pero pude soltarla y era el paso necesario para que todo empezara a cambiar. Lo que nos suele pasar es que tener la atención centrada en algún ámbito, lugar, actividad, persona etc. nos hace llegar a pensar que ese es el único ámbito, lugar, actividad o persona que existen. En los que nosotros nos podemos mover o relacionar. Eso es solo producto de que nuestra atención está centrada en eso. Que con el simple hecho de sacarla, empezamos a descubrir un mundo lleno de maravillas que hasta ese momento parecía restringido a ese ámbito, lugar, actividad o persona. Comienza la magia con soltar. Esto puede ser solo el dolor o la angustia por una perdida, de la que creo que no puedo escapar. Pero aunque sé que cuesta mucho entenderlo en ese momento, ese dolor es hoy mi maní. Soltarlo no implica no sentirlo más. Solo no estar más atrapado por él. Ser yo quien tiene un dolor, una pena. No la pena la que me tiene a mí prisionero.

Alguna vez trabajé con alguien que cuando venía alguien a comentarle que tenía algún problema con la mujer. Él contestaba inmediatamente: "cámbiala".

Quizás era un poco exagerado. Pero la esencia de lo que quería transmitir, vale. Lo que más comúnmente pasaba era que soltaban "eso" que los estaba teniendo porque era más valiosa la mujer. O no la cambiaban. Hay veces que se generan problemas en la pareja porque uno o los dos no sueltan ciertas cosas o hábitos, que los tiene atados, o el hábito de uno encarcela al otro. Lo retiene, lo limita, si eso es así es tiempo de cambiar algo: la interpretación o la pareja. Las relaciones, en general y de pareja en particular, para mí, deben traer luz a tu vida, no oscuridad. No quedarme en esa oscuridad porque me voy a quedar atrapado en ella. Si solo sirve para apagar mi luz, es momento de soltarla. Si consume nuestro combustible, el entusiasmo, nos vacía los tanques. Cuando se vacían se llenan de desazón y abatimiento. Si esto sucede, aunque sea muy atrayente el maní, pero envuelto en una caja que nos atrapa en dolor, entonces llegó la hora de soltarlo. Es una construcción diaria, claro que pasa por distintos estados. Pero la constante es que generen luz. En ambos, no puede ser que todo sea puesto en la luz de uno. Eso está destinado a no funcionar. Debe ser una elección diaria, que nos encienda. Nos dé fuerza, nos impulse a avanzar. No hay ninguna razón en la tierra o en los cielos para que quedes junto a alguien que no te enciende.

El consejo de la abuela del camero de la película de Julia Roberts es claro, ciertamente así sucede. Solo que muchas veces no dejamos que pase, con nuestro oculto espíritu masoquista que nos hace seguir pegados a personas, situaciones, sentimiento o hechos que nos hacen mal. Aunque esto sea, simplemente, seguir y seguir potenciando lo desgraciados que fuimos por lo que nos pasó. O seguir pensándonos víctimas de las circunstancias. Entonces lo somos y seguimos atrapados en esa circunstancia, sin poder salir de ella. Hasta pensar que no hay nada que podamos hacer para salir de ella. Quizá pensar: "si fuera tan fácil lo haría, pero no puedo". Es la peor traba, pensar que el poder hacerlo es un súper poder que te va a dar un rayo del espacio. Es una decisión que va a implicar esforzarte y ser valiente. Sí, claro que puedes. Como lo han hecho cientos, miles, millones en tu lugar. Los cuales no son más fuertes, hábiles, listos que tú. Solo lo hicieron. Con miedos, con dudas, con todo eso. Tú estás formado de lo mismo que ellos. Así que también puedes. Lo que se pueda hay que soltarlo para que pase. Para no seguir atrapado en esa situación. El soltarlo es más emocional que físico: debo soltarlo mentalmente, liberarme de esa atadura en mi mente para que después, llegado el caso, se dé hasta físicamente. Pero primero debo soltarlo interiormente, lo demás se va acomodando. Como es adentro, es afuera.

Todo aquello a lo que resistimos, peleamos contra esa situación, porque no nos gusta o lo deseamos cambiar, eso persiste. Debemos entender que lo que resiste, persiste. Es decir, mientras más resistamos a algo, más persiste. Porque la salida de ese círculo vicioso está por el lado de la aceptación, no de la resistencia. Aceptar que "las cosas son como son y no como deberían", repetía hasta el cansancio uno de mis queridos maestros. Frase que, para mí, encierra una sabiduría ancestral. Si logro aceptar esto, acepto el concepto, "esto" es como es, no como "debería" ser y en ese momento no lo resisto más y lo empiezo a aceptar. Para que pierda poder y empiece a pasar. Antes de empezar a entender esto, cuánto tiempo desperdicié y todavía desperdicio. Hasta que recuerdo esto, paso por enojarme, preocuparme y sin duda sufrir. Porque tal o cual cosa, no eran o salían, como "deberían". O alguien no actuaba como "debería". Ahorrándome el título de juez universal de lo que debería o no ser. Sin entender que el único causante, y responsable de ese mal momento era yo. Creándome esas divisiones entre cómo deberían o no ser y actuar las personas y las cosas. En estos casos estoy atrapado, por mis opiniones, juicios, los cuales suelto para no quedar atrapado por ellos. Lo que me atrapa y limita pueden ser tantas cosas, pero siempre la llave de ese candado es mía.

Los movimientos revolucionarios del mundo mantienen esa consigna tan conocida de "luche y se van". Muchas veces sin entender que es la misma lucha la que los mantienen, lo que ellos combaten eso persiste. Por atención de frecuencias. Lo que deberíamos tener como nuestra consigna para realmente generar un movimiento revolucionario en nuestras vidas sería: "suelte y se van". Sáquenle la atención y se van a ir desvaneciendo. Si realmente soltamos, todo eso a lo cual seguimos atado, el cambio, comienza y la luz vuelve. Siempre vuelve.

Ya sé: me vas a decir que no es tan fácil. Que es mucho más fácil decirlo que hacerlo. Primero, soltar es sencillo, lo cual no siempre es sinónimo de fácil. Segundo, millones de veces es más fácil decirlo que hacerlo. No hay dudas al respecto. Decirlo no requiere valor o no en la misma intensidad que hacerlo.

Soltar es sencillo, es simplemente soltar. Lo que no es fácil es tener el valor de soltar. Tener la entereza para soltar. Dado que se requiere ser valiente y esforzarse. Lo que no siempre es muy fácil, pero también es sencillo. Solo hay que hacerlo. Parece una obviedad, pero no lo es, suele ser más difícil de lo que parece hacer solo lo que hay que hacer. El valor y el esfuerzo que necesitas para hacerlo están dentro de ti. Conéctate con esa fuerza interior que todos tenemos, de la manera que sepas o creas. Búscala, ahí está, revívela por los medios, que conozcas. Puede ser una ayuda idónea, que te lleve a encontrarla. Quizás tengas que orar a lo alto para que te ayude a encontrarla. O lo que entiendas o creas que debas hacer. Hazlo, esfuérzate y sé valiente. En el libro de Job, cuenta la Biblia que era un hombre muy rico y bendecido. Que en un momento dejó de serlo. En su peor momento, él habla con Dios. O Dios habla con él y le dice "sólo te pido que te esfuerces y que seas valiente", seguramente él sabía, Dios, que ese gran transe iba a pasar. Que para salir de él, en el peor momento solo tenía que esforzarse y ser valiente.

Puede esto, el esforzarse y ser valiente, no ser fácil. Pero es sencillo, hay que hacerlo. Entonces hazlo, y suelta lo que tengas que soltar. Que de esa manera empiezas a cambiar. Si cambias, si tú cambias, entonces todo cambia.

Deja de estar atrapado, toma el riesgo de descubrir nuevas tierras. Para eso tienes que soltar la supuesta seguridad de lo que conoces. Para eso hay que juntar valor y hacer el esfuerzo de no dejarse caer. Poder levantarse de la situación en la que estoy. Aunque parezca que estoy perdiendo algo. Si el miedo a perder algo me hace perder la libertad, entonces bien vale la alegría perder algo para ganar la libertad. Es sencillo, sólo hazlo. Entonces lo que parecía imposible que pasara, *eso también va a pasar*.

10

En theos asmo

Desde siempre me ha llamado la atención la etimología de las palabras. Es decir, el origen, de dónde vienen y qué significan. Siempre me termina siendo muy esclarecedor. El lenguaje es muy importante y nunca es inocente. Siempre aclara, y permite entender. Es comprender la estructura de lo que queremos decir. O también lo que decimos sin saber que es, o que queremos decir.

Con el tiempo fui estudiando algunas cosas que me llevaron por ese camino, que constantemente logra despejar dudas y enfocar conocimientos. Como con todo, si se conoce el origen de algo, se suele entender mejor. Y es nuestra forma de comunicarnos con otros. Incluso con nosotros mismos. Utilizamos el lenguaje.

Por ejemplo, recuerdo el caso de esa palabra tan conocida: "oportunidad". Es una palabra que pensaba que comprendía bien. Pero nunca tanto como cuando conocí su etimología. Su origen desde donde nos llegaba.

Oportunidad viene de un término usado en principio por la gente de mar, que se usaba en la antigüedad. Como los puertos eran, obviamente, naturales y no dragados. Los barcos, una vez que llegaban a rada, debían esperar la "o portus" u ola del puerto.

Dado que solo con ella podían entrar con el barco hasta los muelles de descarga. Esta ola venía con la marea alta dos veces al día. Se necesitaba de ella para poder entrar, el calado del buque solo permitía entrar con ella. Claro, no se sabía cuándo venía, se podía sospechar, pero no saber cuándo viene la "o portus". Si el barco no estaba preparado y todos sus marineros listos cuando llegaba esta ola, se la perdían y debían esperar doce horas a la siguiente. Solo los barcos que sus capitanes y tripulaciones estaban listos podían aprovechar la "oportunidad" de volver a tierra. La ola siempre venía, igual que las oportunidades, lo que pasaba era que a veces los barcos no estaban preparados para aprovecharlas. Quizá los marineros dormían o estaban distraídos hasta que era tarde ya. De la misma manera que me ha pasado muchas veces, cuando llegan las oportunidades, por no estar preparado o distraído, no las puedo aprovechar y las pierdo. Solo las veo pasar o las siento pasar. No sé a ustedes, a mi entender esto me dio un conocimiento más claro de lo que es una oportunidad y de por qué muchas veces me las pierdo. En algunas oportunidades, por estar ocupado en algo, las tengo que dejar pasar. No es mi momento o no estoy listo. Pero siempre hay otra. El juego es no dejarlas pasar siempre. Una puedo, dos quizá. Pero en algún momento es tiempo de tomarla. En fin de cuentas no nos hacemos cada día más jóvenes.

Nuestro combustible, el que usamos para arrancar, el cual muchas veces nos falta o perdemos cuando atravesamos momentos que calificamos como difíciles, duros etc. es el entusiasmo. En theos asmo. Lo realmente revelador es lo que significa. En theos, del latín con un Dios dentro. Asmo, una variante de ismo, que es actividad. Como en magnetismo, por ejemplo. Es decir, hacer con un Dios dentro. Cuando estoy entusiasmado estoy con un Dios adentro. Claro que el creyente va a decir "Dios está siempre dentro de mí". Puede ser, pero reconozcamos que muchas veces no se nos nota. El que no cree, tiene que ver qué hacer con la potencia que te daría un Dios dentro. Está claro para mí que la divinidad está adentro nuestro y no afuera. No somos una cosa separada de ella, lo cual no quiere decir que en todo momento seamos conscientes de esto. Que sea algo que se note en nuestro diario vivir, no pasa siempre.

Estoy entusiasmado cuando me veo "endiosado", casi con poderes divinos. Acompañado o apoyado por los dioses, creían los antiguos Romanos. Entonces esa persona parecía que todo lo podía. Los dioses te acompañaban en el hacer. Un poeta solo podía escribir en ese estado. En un creador, sea lo que fuera que creara, la creación solo se manifestaba en ese estado. Cuando estoy entusiasmado parece que puedo todo, casi que tengo poderes, súper poderes. Es un estado en el cual todo se ve posible. Estoy encendido, iluminado, conectado con lo más brillante dentro de mí.

Justamente viene muy a cuento esto de "endiosado", con Dios adentro. Cualquiera sea tu creencia, no creo que te parezca malo andar por la vida con un dios, o Dios, si quieres, dentro tuyo. Con el poder de un dios, ya sea que creas que es real o de ficción. La fuerza de un dios. De esa forma sería mucho más fácil salir de los lugares que no nos hacen bien y despegar hacia lugares mejores. Sin entusiasmo todo suele verse más oscuro, y vuelve a encenderse todo cuando lo recuperamos. Como vivimos en el mundo que nos creamos nosotros mismos, si ese mundo está creado a base de entusiasmo, ese mundo será mucho más luminoso y claramente más feliz. Será un mundo creado desde una conexión con lo superior, con entusiasmo. Conectando con lo superior. Como decían los antiguos griegos, teopneustos, que en esa sola palabra expresaban: exhalado por Dios, inspirado por el hombre. Toda creación en perfección era teopneustos. En conexión a lo superior.

Esto lo pude entender, no es complicado. El tema es qué hacer cuando estoy atrapado en un "esto" que me tiene mal, que como consecuencia me hizo perder el entusiasmo. El "quid" de la cuestión es cómo recuperarlo una vez perdido. Para los creyentes, lo más fácil es ir a la fuente. Para endiosarte, acercarte a Dios, de la manera en que lo entiendas y de la manera que entiendas que es la mejor para hacerlo. Cualquiera sea tu manera de hacerlo. Claro está, cuando ese acercamiento no esté llevado por la pena o la culpa. Dado que desde ese sentimiento no voy a lograr llenarme de Él. Sino, por el contrario, buscando llenarme de Él. Logrando que ese acercamiento me llene de la potencia necesaria para salir en estado de plenitud. Que despierte esa parte de Él dentro de mí. Que pueda reencender esa chispa divina dentro de mí.

Para los no creyentes, conectándose, poniendo su atención en aquello que los alegra y les motiva sentimientos de alta frecuencia. Pueden ser buenos recuerdos, tus mascotas, la naturaleza, personas especiales que te llenen de sentimientos de alta frecuencia. Actividades que te entusiasmen, la música, los deportes. Eso que tanto te entusiasma o, si prefieres, que te entusiasmaba antes. Recuperar esas actividades que dejaste cuando "esto" pasó. Esas cosas que te llenaban el alma y que no estás haciendo ahora. De esa manera empezar a llenarse de toda cosa buena como primer paso al entusiasmo. Mi mujer, con quien compartimos camino hace más de veinte años, tiene muchas cualidades especiales. Pero siempre rescato una. En el peor momento, cuando todo el panorama parece complicado, ella, con dos tonterías, organiza una fiesta para mi hija, ella y yo. Lo hacía también para nosotros dos solos. Antes de que llegara nuestra hija. No son cosas o comidas; es simplemente actitud. Yo sé que muchas veces ella estaba en el mismo estado anímico o peor que yo. Pero lograba cambiar todo el ambiente con su entusiasmo y contagiarnos a todos. Es quizá por eso que su primer libro se llame "Inti en mi", me parece lo más natural en ella.

El entusiasmo tiene una particularidad especial. Es contagioso. Hay que juntarse con gente entusiasmada, luminosa gente que su conversación sea de y para la posibilidad. Gente que nos impulse hacia un estado posible, de más luz, mejor. Gente con la que el compartir sea de felicidad. No los que nos devuelven a las mismas conversaciones que nos llevan a ver todo y a todos oscuro. Eso puede emparejar con tu estado de ánimo hoy. Pero solo para perpetuarlo. Hay que esforzarse y ser valiente e ir en busca de lo que te ilumine. Lo que te devuelva tu verdadera identidad. Tu verdadera identidad es de un ser luz, no te confundas. No somos tristes, amargados, desgraciados u opacos. Así es como estamos por no estar en nuestra esencia. Fuera de nuestra verdadera identidad. De seres luz. Todos somos lo mismo. No dudes de eso.

Todos conocemos esto, todos sabemos que hay personas que están llenas de vida y otras que, por el contrario, están llenas de otra cosa. Claro que si estás pasando por un momento complicado, por simple encaje de frecuencias, vas a tender a juntarte con personas que sintonicen con esa frecuencia. Eso lo único que hace es fortalecer tu estado de ánimo. Acentuándolo, estoy hablando justamente de buscar como un antídoto al estado de ánimo bajo. Buscar la compañía de personas que están llenas de entusiasmo. Hay que comprender algo claro. Como nosotros solemos, vemos el mundo desde el estado de ánimo que nos domina. Si estamos mal, tendemos a juntarnos con personas que están en sintonía con ese estado. Las personas que están bien suelen no gustarnos y hasta molestarnos, por diferencia de frecuencia en ese momento. Pero como nos obligamos muchas veces a tomar un remedio que nos puede parecer de mal sabor, así mismo debemos obligarnos, si fuera necesario, a buscar la compañía de personas entusiasmadas. A realizar actividades que antes en otro estado de ánimo nos entusiasmaban. Eso nos va a ir entusiasmando. Buscar la cercanía de personas que estén entusiasmadas, llena de luz. Si estoy mal y solo me reúno con personas que estén en mi situación o peor; personas que enfaticen con mis sentimientos, que solo vean el vaso medio vacío, que busquen salidas rápidas o escapes, solo voy a lograr más de lo mismo. O sea, perpetuar mi estado. Claro que puedo hacer mucha terapia sacando esto. Muchos grupos de ayuda se basan en eso. Pero no son grupos de juntarse a deprimirse. Es el que ha salido y ha estado en tu misma situación. Te ayuda a salir de donde estás. Esos siempre están al servicio de mayor luz y nunca al de perpetuar un estado de oscuridad. ¿Qué hago si estas personas que están en esta situación son personas queridas por mí? Somos varios en la familia, por ejemplo, los que vivimos lo mismo y nos sentimos igual. No los puedo dejar. Abandonar e irme a buscar mi entusiasmo.

Lo que recomiendan en los aviones en caso de despresurización. Eso a lo que nadie presta atención antes de despegar. Siempre lo explican. Primero ponerse uno la máscara de oxígeno y después ayudar a otras personas con la máscara. Así sean sus hijos. Parece cruel y egoísta cuando uno lo escucha por primera vez. Es una medida muy sabia, dado que solo ayudándome yo, estoy en condiciones de ayudar a otros. En el caso de recuperar el entusiasmo es igual. Yo debo primero recuperarme para después ayudar a otros. Justamente busco recargarme de entusiasmo para después abastecer o reabastecer a los que me rodean. Busco para esto "ponerme la máscara primero", buscando si no lo puedo encontrar dentro de mí, que es donde realmente voy a encontrar todo el entusiasmo que necesito. La compañía de personas, llenas de esperanza y entusiasmo. Busco frecuentar a esos amigos llenos de luz que todos tenemos y muchas veces por sintonía de frecuencias, o falta de esta hemos dejado de ver. Como nos encontramos mal muchas veces, a esas personas llenas de luz las alejamos o no buscamos su compañía. Entonces, tomando la decisión consciente, busco su compañía. Juntarnos con esas personas, que hasta incluso nos puedan parecer ilusamente optimista, espirituales o que nos puedan llenar de eso. Busca contagiarte de su luz. Si no tengo a nadie con quien juntarme, hoy en día hay muchas técnicas que están ayudando a miles de personas a recuperar su identidad. Algunas más orientales, otras más occidentales. Busca, interiorízate y después ves cuál es la que más te resuena en tu experiencia. Pero el solo iniciar la búsqueda es ya todo un paso hacia adelante. En esos lugares que conozco muy bien siempre te encuentras con gente hermosa, pero de la hermosa en serio. Seres luz que siempre te van a contagiar de entusiasmo. Hoy no es tiempo ya de seguir guías o maestros. Es de encontrar la conexión consigo mismo. De la misma manera que si buscas la compañía de personas que todo lo ven oscuro y su forma de observar es oscura. Pues te vas a volver por sintonía de frecuencias en una persona oscura. Busca seres luminosos y así te vas a volver.

Lo de que el entusiasmo es contagioso, lo he probado y visto cien veces. Mira, imagina que mañana viajas a otro país o ciudad por cualquier razón. Alguien te invita a ver un partido de unos equipos que no conoces y jugando una copa que poco te importa y no te queda más remedio que ir. Si la hinchada emana suficiente entusiasmo, no pasará mucho rato hasta que estés alentando a un equipo desconocido a ganar una copa más desconocida para ti.

Busca la compañía de esa ayuda idónea para recuperar el entusiasmo que te está faltando para salir. Suelta lo viejo que no te hace bien y vuela hacia nuevos horizontes a los que te entusiasme llegar. De esta manera vas ayudando a que todo vaya pasando y puedas volver a recuperar el entusiasmo. Mi experiencia me ha mostrado que en los momentos de logro de mi vida, más valió el entusiasmo que la capacidad. Que más veces fracasé por falta de entusiasmo que por falta de capacidad. Si tuviera que elegir entre dos equipos para enfrentar un desafío y la elección se diera entre un equipo de mucha preparación, pero de bajo entusiasmo y otro de alto entusiasmo y baja preparación, yo elegiría el segundo. Pues el entusiasmo es creativo, el entusiasmo es generativo, la persona o el equipo entusiasmado, vence obstáculos que a los demás les parecen infranqueables.

Estar entusiasmado es como subirse a los hombros de un gigante desde donde puedo ver más allá y todo lo puedo. Cuando esto es natural, no trae contraindicaciones. Dado que lo bueno trae todas cosas buenas. Bueno es estar con un dios adentro. ¿Qué otro gigante se necesita? Por todo esto creo que el entusiasmo es el combustible de nuestra nave y que tanto necesitamos para salir de los pozos y bajones que tiene siempre la vida. No hay un camino correcto para el entusiasmo; todos son perfectos. Es la esencia de todas las corrientes espirituales en su origen en la historia de la humanidad. Reconectarnos con ese potencial superior. Pero encuentra el tuyo. Con el cual resuenes. Ése va a ser el correcto para ti.

Para que todo pase y deje de doler es bueno darle una ayuda, ésta es ponerse en marcha. Nada mejor para eso que recuperar el entusiasmo. En cuanto nos empieza a inundar esa corriente maravillosa, nos encendemos a nuestro máximo potencial y todo vuelve a ser posible. Por eso es bueno conectarse y encenderse. Para eso nada mejor que el padre, la fuente, Brama, Inti, la fuente. Él. Quizá sea un buen momento para tratar de conocerlo, si hasta ahora no lo conoces. De esa manera hacer que ese estado que hoy te tiene, eso que no te deja brillar, eso *también va a pasar.*

11

<u>Tener o ser tenido</u>

Ahora, si bien se pueden comprender todas estas cosas desde la razón, igualmente, cuando llegan esos momentos claves, el estado de ánimo, esa sensación general, que domina mente y cuerpo es capaz de abatirme. Todo lo que puedo entender se termina yendo por la canaleta de los estados de ánimo. Muchas veces los sentimientos de dolor, angustia, ansiedad o felicidad son tan intensos que no me permiten reaccionar y volver a ponerme en marcha. Esos son los momentos en donde en vez de tener yo un "estado de ánimo", es éste el que me tiene a mí. Me tiene agarrado y él domina todo. Lo que digo, pienso y hago. Dejo de ser yo el que está ansioso y pasa a ser la ansiedad la que me tiene. Me retiene, no me deja ser. O la tristeza o en ocasiones la euforia, por qué no. En este punto vuelva a tallar la atención. Es ella la que dirige lo que siento, por lo tanto, cuando dejo que la atención persista en el tema que me genera el estado de ánimo, la gran maestría en estos casos es cambiar la atención. Lo cual es todo un desafío en sí mismo.

Son esos momentos donde dejo de entender que son momentos pasajeros y creo que van a durar por siempre. Las personas, éstas de las que hablábamos antes, que toman esas soluciones permanentes a problemas temporarios, creo yo, lo hacen porque creen que el problema o lo que les está pasando ahora va a durar siempre. No logran redireccionar su atención, la cual queda clavada en una situación y no puede salir. Dado que no pueden dejar de sentir lo que ese tema les provoca, quedan atrapados en lo que sienten. Llegan a creer que como se sienten hoy, también va a durar por siempre. La carga de sentimientos es tan grande y la interpretación de lo que está pasando la estamos haciendo a través del cristal del estado de ánimo. Ese estado de ánimo está como está justamente porque mi atención sigue donde está.   Por lo tanto lo único que puedo creer es que esto va a durar por siempre. Entonces todo toma otro color. No es lo mismo golpearse un dedo, seguir martillando, total sabemos que va a pasar el dolor, que golpearnos y pensar que esa sensación va a durar para siempre. Quizá no sigamos porque nos es insoportable. Como no nos gusta lo que vemos queremos darle un corte definitivo al tema. Cuando eso sucede o, mejor dicho, cuando eso me sucede dejo de ser yo para pasar a ser mi estado de ánimo. No poder sacarle la atención al dolor. Si todo esto está manejado por mi estado de ánimo, entonces soy mi estado de ánimo. Mejor dicho, estoy siendo mi estado de ánimo. Porque no es lo mismo ser que estar siendo. Quizá mi ser, mi esencia, no sea pesimista, pero mi estado de ánimo me lleva a estar siendo pesimista. Es entonces donde mi estado me tiene, en vez de yo a él. Paso de ser Juan, que está triste, pero sigo siendo yo, a la tristeza lo tiene a Juan. Entonces pasó a ser **Juan el triste**. Sobre todo si creo que el estado y la situación que lo generó va a ser eterna. En este punto lo que cuesta entender es que esto pasa, no por arte de magia o porque así tiene que ser, sino porque tengo permanentemente toda la fuerza de mi atención sobre lo mismo que genera el estado de ánimo. El estado de ánimo no es algo que llega solo o lo provoca la situación. Como tiendo a creer tan fácilmente. Es generado y manejado por mi atención. Entonces depende de poder domar la atención salir o no de un estado de ánimo. O permitirme tenerlo o dejar que él me tenga a mí. Parece lo mismo, pero eso hace toda la diferencia.

Esto no pretende bajo ningún punto de vista negar ni resistir los estados de ánimos, antes decíamos que lo que resiste persiste. Así que si quiero resistir el estado de ánimo solo lo estoy perpetuando. Por el contrario, debo legitimarlo. Aceptarlo como tal, entender que él depende del tiempo que yo mantenga la atención donde la estoy manteniendo. Tomando conciencia de su temporalidad. Que en cuanto esté lo suficientemente fuerte, me pueda recuperar y pueda poner atención en otra cosa. Eso va a pasar. Quizá todavía no puedo. Pero tengo que entender que no soy víctima de lo que está pasando, es solo una consecuencia de no poder sacar la atención de donde la tengo. No es lo mismo creer que toda mi vida voy a estar triste. Que estar hoy triste y saber que va a pasar. Que depende de mí, que más temprano que tarde, voy a recuperar mis fuerzas, entonces redireccionar mi atención. A personas, situaciones, cosas, que están pero no veo. No puedo ver por el shock de lo que estoy sintiendo. Pero esto no es eterno. Yo voy a recuperar la potencia. Tengo este estado hoy pero, en cuanto pueda, salgo. Él no me tiene a mí.

Volvemos a lo mismo, el tema pasa por lo que voy a hacer en ese momento. ¿Quedarme viendo y sintiendo cómo ese estado de ánimo se apodera de mí? Observando como desde ese estado, voy yo creando el mundo que me rodea. Cómo un estado de ánimo va destruyendo todo lo que fui creando en otro tiempo. Sucede algo muy loco en esto. Si bien puedo estar viendo cómo todo se va destruyendo, ese mismo estado de ánimo bajo, me lleva a pensar: "qué me importa que se rompa. Yo ahora otra cosa no puedo hacer". Esto es porque ya se empezó a apoderar de mí.

La verdad es que sí puedo hacer, sí puedo intervenir en un estado de ánimo. No desde lo intelectual, eso está claro. No puedo cambiar un estado de ánimo desde un pensamiento. Cuando yo estoy triste no hay nada en lo que yo pueda pensar para estar alegre. Es bueno entender que yo no estoy triste; vibro en tristeza, no estoy alegre; vibro en alegría. Mi energía, la energía que me forma en ese momento vibra en una determinada frecuencia que la humanidad llama tristeza o alegría. Como es energía se modifica desde la energía. Como yo me siento, como estoy vibrando, y marcando la manera en la que sintonizo con el entorno que me rodea, si cambio, esto cambia la manera en la que sintonizo con el entorno que me rodea.

Lo que va a terminar elevando la frecuencia de esa energía es más energía. Esa la tengo que buscar en lo superior o en personas que me llenen de ella. Solo se puede modificar un campo desde un campo vibratorio superior. Es por eso que debo conectarme de alguna manera a esos campos. De ese modo modificar mi propia frecuencia. Sin meterme en razones intelectuales de por qué estoy así o por qué debiera estar de otra manera. Es solamente modificar esa energía. Recién hablábamos del entusiasmo que es una gran forma de modificar esa energía que nos forma, que por las circunstancias que sea está vibrando bajo. Al modificar nuestro estado de ánimo, se modifica inmediatamente el mundo que nos rodea. Por lo menos nuestra manera de verlo, esto hace una gran diferencia. Porque al final todo es como lo vemos. No sabemos realmente cómo son la cosas, solo sabemos que son desde donde las vemos. Pero cambiar el estado de ánimo desde donde veo las cosas, eso es una gran diferencia.

Dado que creemos ver las cosas como son y en realidad son como las vemos, desde el estado de ánimo que tenemos, si lo modificamos cambia nuestra manera de verlas y cambio el mundo.

Ésta es un poco la esencia: reconocer y aceptar el estado de ánimo. No accionar desde él, o tomar decisiones desde ese estado momentáneo, generado por las mismas circunstancias que estoy atravesando. Dado que las estaría tomando el estado de ánimo y no yo. Solo dejar que se pase o intervenir para cambiarlo desde una frecuencia mayor que puedo buscar según mi creencia en lo superior en sí o simplemente en las personas o cosas que me lleven a estados de ánimos de mayor frecuencia. Modificar mis sentimientos, desde otro sentimiento mayor. Que puedo encontrar en el contacto o conexión a lo divino, quien cree. O simplemente, en juntarme con personas, realizar actividades que por lo bien que me hacen sentir, modifiquen mi sentimiento. Aumentando la frecuencia de éste por una mayor.

Lo mismo pasa con la felicidad o la euforia. No sólo los estados de ánimo oscuros son peligrosos al tomar el control. Los otros también, más de una vez, después de un logro o durante el mismo. La euforia me ha hecho tomar decisiones, desde su particular punto de vista, que después he lamentado. Entre estos estados a mí me ha resultado siempre el más peligroso la ansiedad, el estar ansioso. Este estado, si dejo que me tenga, me puede llevar a cometer muchos errores, y con esto complicar más las cosas. La ansiedad es llevar demasiado la atención al futuro. Eso me saca del hoy. Como me saca del presente, me estoy perdiendo mi único lugar, donde puedo marcar la diferencia. No puedo generar ningún cambio con la atención en el pasado. Tampoco en el futuro. Lo único que tenemos es un presente continuo que se estira en el tiempo. Ya sea porque tomo decisiones, encaro acciones o llevo adelante negociaciones o relaciones desde la necesidad de calmar mi ansiedad. En vez que, de mis compromisos, esas cosas que elijo que pasen.

Siempre esta ansiedad es por lo que todavía no pasó. Como nos ponemos mal, desesperamos por lo que pueda pasar. No solo erramos en relación con lo que nos está pasando. Sino a lo que todavía no pasó y capaz ni pase. Tranquilo, va a haber tiempo para preocuparse mañana. Si esa es tu preocupación. Claro que si logro en esos momentos enfocarme en el hoy, el mañana está arreglado, porque el futuro lo construyo hoy.

El hecho de conocer y comprender estas cosas no hace que uno las haga, porque obviamente siempre termina siendo una lucha, en cuan hábil soy en el manejo de la atención. Una maestría que es constante siempre presenta mayores desafíos. Pero el conocimiento hace que uno las veas. Claro que hay una gran diferencia entre el conocimiento y la sabiduría. El dicho popular dice que "conocimiento es saber que el tomate es una fruta, pero sabiduría es no ponerlo en la ensalada de fruta". Sabiduría implica poder aplicar ese conocimiento. No siempre soy tan sabio como me gustaría. Pero el conocimiento ayuda a saber cuántas veces no estoy siendo sabio. Si lo que hace es que uno las vea. Esto no lo podemos evitar. Ustedes o yo reaccionaremos de la manera que podamos en el futuro con respecto a nuestros estados de ánimo o el resto de las cosas de las que hablamos. Pero si ya no vamos a evitar verlas, una vez que las veamos, vamos a tener que decidir qué hacemos, si seguimos como siempre o hacemos algo distinto. En el caso de los estados de ánimo, no dejarlos tener el control.

Retomar el poder de decisión, pero antes modificando el estado, elevando la frecuencia de ese sentimiento.

Esto es algo maravilloso que tiene la mente humana. Mientras no ve o conoce no pasa nada. Eso si una vez que ve o conoce, no puede dejar de ver o reconocer. No sé lo que haremos la próxima vez, claramente lo que podamos hacer. Pero si no vamos a evitar ver o reconocer lo que nos está pasando, eso nos va a dar la posibilidad de estar más cerca de tomar una decisión o acción sabia. Será ese el primer pasó a resultados diferentes. Claro que esto no es automático. Como todo en este mundo es un proceso. A nosotros nos encantaría seguro que el solo hecho de conocer algo nos llevara a ya incorporarlo. Pero como todo es un proceso y hay que aguantar la demora de que este estado se modifique o pueda incorporar el mecanismo que ante cada estado bajo, yo pueda intervenir para cambiarlo, aunque parezca increíble en el momento que está sucediendo, ese estado de ánimo también va a pasar. Es una decisión nuestra el que podamos volver a ser los que queremos ser. Y no los que los estados de ánimos nos convirtieron. A pesar de lo que un estado de ánimo temporario nos diga. Él no se va a quedar y vamos a volver a ser lo que una vez fuimos. O quizá los que nunca fuimos y éste ha sido el gran disparador para que lo seamos. En todo caso es una decisión nuestra. Es el momento de que todo el conocimiento que fuimos adquiriendo se ponga en práctica. Nos haga ser más sabios. No reaccionar a lo que pasa, sino a pesar de lo que pasa. Que cada hecho puede ser un detonante de una nueva capacidad. Ya no se puede cambiar, pues es entonces el momento de hacer lo más sabio. Aprovechar el momento. No desde nuestro estado de ánimo, desde nuestra comprensión. Porque el estado *también va a pasar.*

12

El quid de la cuestión

Hay una frase que, cuando la escuché, la verdad no le di mucha importancia. Aunque el espíritu me decía "escucha". Pero en la época en que la escuché vivía muy acelerado y en un mundo donde no había tiempo para nada. Mucho menos para esperar algo, ni hablar a alguien. Por eso, dada la vertiginosidad de mi vida de entonces, no le di importancia al concepto.

La frase era "aguantar la demora". Claro, por lo que les contaba recién, en esos tiempos, ambos conceptos eran impensables. ¿Aguantar y, encima, demoras? Imposible, si todo era exigido para ayer. Ni hablar de ninguno de los dos, menos juntos.

Después de pasar varias experiencias e ir tratando de entender las cosas fui tomando la dimensión de la frase. Después de verlo y sufrirlo varias veces fui entendiendo lo que son los procesos. Viendo que esa frase a la que no había dado importancia era en realidad el punto clave. Como siempre, el espíritu estaba en lo cierto.

Si esto también va a pasar, quiere decir que todavía no pasó. Por algo simple si hubiera pasado. Ya no sería "esto", porque una vez que pasa, ya no es tan importante. Ya se hubiera sumado al arcón de esos hechos que fui superando, ya si fuera el caso podría hablar de eso hasta con cierta gracia. Incluso en el mejor de los casos, ver o analizar posibles enseñanzas dejadas. Pero todavía no pasó, entonces nada de eso cuenta.

El tema no es justamente entender que todo va a pasar, sino aguantar la demora hasta que pase. Sostener el tempo que tarde en pasar. El saber que esto también va a pasar, no va a ser por arte de magia, que no duela o que pase. Por eso es: aguantar, sostener el proceso. El mismo proceso lleva un tiempo en manifestarse, por eso es un proceso y no un evento. Eso implica que no es inmediato. El comprender y asimilar no suceden en el mismo tiempo.

Justamente por eso dice "aguantar la demora" y no "esperar la demora" o "momentito, que ya pasa" o algo por el estilo. Dice "aguantar".

En el diccionario Larousse, dice del término: "Sufrir, soportar. // Resistir, soportar un peso. // Reprimir, contener. // Esperar". Justamente la demora se aguanta. Se soporta un peso, ¿cuál peso? El que implica la carga de sentimientos que me provoca este evento. Muchas veces debemos no solo soportar el peso de nuestros sentimientos, sino la carga emocional de otros. Lo cual suele ser más pesado y desequilibrarnos más. Ya que yo, llegado el caso, puedo "manejar" mi ansiedad o tristeza. Pero con los que me rodean, es doble esfuerzo. Por un lado, contener al otro y además evitar que me afecte o contagie.

Tanto si estás hoy atravesando un momento de éstos, como si te toca en el futuro, porque te van a pasar. Siempre pasan, es inevitable. No podemos evitar que nos pasen. Sí podemos elegir cómo pasarlo. Pero en todo caso, de cualquier modo, lo que nos queda es solo esperar que pase. Lo que podemos es tratar de que pase más rápido o poder despegarnos más rápido de él, pero no evitarlo o no tener una carga de sentimientos por él. Esto no podemos hacerlo. Porque aguantarla, hay que aguantarla, hasta que pase.

Habrás escuchado y utilizado en más de una ocasión la frase *el quid de la cuestión*. También seguro escuchaste cosas como el cuis de la cuestión o incluso más tecnológicas como el "click de la cuestión". En este punto es bueno entender que la frase correcta es el quid de la cuestión. Quid es una palabra latina que significa "esencia o punto clave".

Su pronunciación es [kíd], aunque también es válida la pronunciación [kuíd].

Es la misma palabra que hizo famosa la película "El silencio de los corderos" en la voz de Hannibal Lecter, si bien es un viejo dicho latino. Quid pro quo. Quid pro quo nos indica que se produce un intercambio de algo por algo; se utiliza para expresar que una cosa tiene que ser sustituida por otra equivalente. Algo esencial debe ser sustituido por algo de igual importancia. La esencia del tema es saber esperar y aguantar la demora que llevan los procesos. En tiempo y espacio. No es ni siquiera saber que es un proceso. Ni comprender que esto va a pasar. Es saber llevar el tiempo que eso demora en pasar. El cual yo puedo acelerar o alargar. No soy un mero espectador de lo que está pasando. Todo es creación y constantemente lo estoy manifestando en cada resultado. También en estirar o salir rápidamente de una situación. Igualmente toma la decisión de salir, de hacer que esto pase. De poner en marcha el camión, deseando y hasta pidiendo que esa marcha acomode los melones. Desde que tomo la decisión hasta que los resultados se manifiestan. También debo aguantar la demora. Yo lo sé muy bien. Miles de veces me propuse no comer más pan. De hecho, dos días no como pan. Eso no hace que adelgace en dos días. O decido ir a entrenar a un gimnasio. Eso no me da condición física instantánea. Quien no puede aguantar la demora del proceso, nunca va a tener la condición física que busca.

Debemos esperar en paciencia que se cumpla el proceso. El mundo es de procesos y nosotros vivimos procesos todo el tiempo. Los procesos tienen su tiempo de maduración. Los debemos aguantar. Desearíamos que fuera de otra manera, dado que nuestra vida física es limitada. No puede andar perdiendo mucho tiempo. Pero así y todo el proceso se debe de cumplir. Aceptar esto nos quita sufrimiento.

Por eso me proponía al principio de este libro ser una compañía para atravesar el momento y nunca una solución. Dado que no conozco tu problema, de conocerlo es muy probable que tampoco conociera la solución a tu problema. O quizá ni tenga una solución. Cualquiera sea el caso, éste también va a pasar. O como mínimo, va a ir perdiendo intensidad. Mi propia experiencia me dicta que la mejor manera, cualquiera sea el tema que te atañe, la mejor manera de acortar los tiempos del proceso es cuanto antes salir del letargo. Volver a ponerte en acción. Eso no cura el tema. Eso va a ser producto del mismo proceso. Pero claramente hace que se acelere el proceso. Básicamente sacando la atención de él. Poniéndola en otras cosas, personas, procesos que no se detuvieron siguen estando. Que, por el shock, les he sacado la atención. Al volver a ellas se vuelven a poner en marcha. Mi atención y detención por lo sucedido no va a solucionar el tema, solo lo va a prolongar en tiempo.

En el proceso de acompañarte, mientras pasa podemos ir entendiendo que esto es pasajero en tu vida, que es un evento, quizá el más terrible o doloroso. Quizá no. Hasta puede que sea el más importante de los que te sucedan, aunque eso no lo podes saber ahora lo sabrás más adelante, no hoy. Porque hoy le da importancia el presente, nada más. Me gustaría poder asegurarte que en el futuro no va a haber ni más dolorosos, ni más importantes o estremecedores que éste. ¿Pero sabes? En realidad eso ni tú, ni yo lo sabemos. Lo único que podemos saber es que sea el peor o no de tu historia. Para bien o mal. Éste también va a pasar. Va a pasar en el sentido de que el shock que hoy provoca va a pasar. Que puedas o no arrastrar consecuencias de por vida es otro tema. Pero definitivamente el estado de shock representa un momento, el instante en el que el evento golpea. Por su misma naturaleza no se puede estirar, dado que, en algún momento, ya no es más lo que fue cuando sorprendió o me sorprendió. Es otra cosa que forma parte de un proceso, el cual algún día entenderemos o no. No todos los procesos que vivimos están al alcance del diez por ciento de comprensión intelectual de nuestra mente externa. Y no por eso no existen o suceden. No puede por su propia esencia un shock durar mucho. Eso es solo un trauma. Que de mí depende cuánto lo hago durar y los efectos colaterales que me genere. No es que no importe, solo cuánto voy a retrasar lo que al final voy a tener que hacer, que todo siga adelante. Porque va a seguir. No es tu decisión que la vida siga su curso, lo va a seguir. Tu elección es si vas a ser parte de ella o te vas a quedar siendo la victima de lo que te pasó.

Entender esto no lo va a hacer menos doloroso, porque quizás eso sea parte del proceso. Pero va a hacer que no desesperes. Que ojalá puedas esperar con paciencia a que el proceso se dé. En el sentido más profundo de la palabra "ojala". El termino viene de la época del Al-Andaluz, cuando los árabes dominaban el sur de la península Ibérica. Los árabes, decían como deseo "wa-šā' allāh" que significa "Quiera Allah", quiera lo alto que puedas esperar la demora en Paciencia.   Paciencia justamente que no es más que la ciencia de la paz. La ciencia de estar en paz. Ella te va a ayudar a que no termines tomando acciones de resultados permanentes para problemas temporarios. Poder darte un acceso para salir más rápido de la situación en la que estás. De esa manera ir enfocándote en un nuevo horizonte que te haga ir dejando atrás lo que pasó o está pasando.

Si te aíslas por el dolor, la pena, vergüenza o el ego, cualquiera sea el sentimiento que lo motive, al aislarte, vas a hacer que todo sea más complicado para ti. Nunca más fácil, aunque así lo parezca. Poder juntarnos con quienes nos hacen bien, justamente para que nos ayuden a salir. Que ésa sí es siempre una buena opción, siempre es una buena salida. Que si cambiamos nuestra manera de sentir pues cambiamos nuestra manera de ver y crear nuestro mundo. No quedar atrapado en situaciones dolorosas solo por no poder soltar. No sería honesto, no decir que creo que la solución es siempre en la búsqueda de la conexión a lo superior, desde como tú lo entiendas. De la forma en que más te resuene. Que en la verticalidad, la conexión a lo superior es donde todo cambia de color. Otro gallo canta cuando busco la conexión con la divinidad. Ya no soy yo tratando de salir desde algún proceso horizontal, que puede ser muy bueno. Amigos, actividades etc. Sino buscar en la verticalidad la fuerza, la potencia necesaria para salir. Comprender y poder avanzar sin temores. Eso es posible y la verticalidad las entrega. Busca la fórmula que más te suene o te resuene. De la forma que sea, horizontal o vertical, lo importante es lograr volver a la acción. Salir de ellas lo antes que se pueda, que el tiempo nos enseñe algo de ellas. Si tenemos la claridad para verlo. Todas las cosas que nos pasan nos dejan algo, aunque sea nada más saber que las pasamos, un poco mal trechos muchas veces, pero las soportamos y eso a veces nos prepara para otras por venir. Quizá poder acompañarte para que estés presente, para poder recuperar el entusiasmo perdido y no dejar que el estado de ánimo de hoy te domine y te haga perder tu esencia, que trasciende el momento y te aseguro, es más grande que este momento. Es más grande que tú mismo. Llegando a entender que ese que me habla, como el que te habla a ti seguramente, lo escuches o no, es otro tú más grande y sabio. Vive dentro de cada uno de nosotros. Porque todos estamos destinados a más, somos impulsados por esa voz interna que nos guía, a la que hay que escuchar más y dejar que se exprese. Que se expresa desde el corazón, no desde la cabeza. Que como se expresa desde el corazón lo hace en sentimientos. Por eso nos cuesta tanto escucharla. Porque es un idioma distinto al que estamos acostumbrados. Por eso siempre cuesta mucho escuchar y más aún hacerle caso. Que en momentos delicados nuestra atención tan puesta en lo que nos pasa, nos hace mucho más difícil el poder escuchar los sentimientos. Solo tenemos atención a los pensamientos, que tienen que ver con nuestra manera de ver las cosas, transformando nuestro mundo en lo que sentimos.

Comprender la transitoriedad del momento nos va a llevar a levantarnos. No nos va a quitar dolor, cicatrices o magulladuras. Ésas se quedan el tiempo que tengan que quedarse. Pero no detiene mi andar.

Recuerdo que de chico tampoco me gustaba la escuela, pero igualmente me enseñó. Que lo único que quedó en mi mente son buenos momentos, hasta llegar a pensar "¿y por qué sería que no me gustaba la escuela de niño? Si fue el momento en que mejor lo pasé". Qué raro que en ese tiempo pensara que no quería ir. El tiempo cambia, nos cambia queramos o no la perspectiva de todo. También es cierto que no siempre salí bien de cada cosa que pasó, ni de la mejor manera, y mucho menos la más sabia. O la que menos daño causó a terceros o a mí mismo. Pero hasta éstas, las tan dolorosas y las que hubiera deseado con todo mi corazón que hubieran tenido otro desenlace; éstas también dejan su enseñanza. Dura manera de aprender, pero enseñanza al fin. La gran mayoría de las veces hubo que esperar que el polvo se asentara y que corriera el tiempo para tener la tranquilidad necesaria de poder ver lo que dejaban. No es un proceso tan rápido. En eso también debemos aprender a aguantar la demora. Esa comprensión va cayendo como una leve llovizna.

Al fin de cuentas, como dice Fresia Castro en su excepcional libro "El cielo está abierto". Esta periodista y master en arte chilena, creadora del Método de Activación Interna de la Glándula Pineal. El método Cyclopea, que en mi caso ha sido la formula final, donde pude empezar a desenredar la madeja. De la recuperación de la verdadera identidad del ser creador que todos somos. Entonces crearme una nueva realidad. Ésa fue la mía, ojala pronto reconozcas la tuya. Ella da en sus palabras "... un consejo venido desde esos universos superiores, que dice:

La vida es un juego, no la tomes en serio sino para tu propio avance, y que ése sea aprender a crear con amor...". La vida es un juego al que hay que aprender a jugar, avanzar y crear con amor.

Al final termina siendo lo importante, la enseñanza que deja o la oportunidad de ser fuerte y sobreponerme a ellas. Esto termina siendo lo importante. Ya que lo que me está pasando... Va a pasar. Lo único que queda es la enseñanza, la experiencia, la potencia nueva, lo único que puedo desear en esos casos es poder tener la lucidez de verlo. Y la sabiduría para mantener viva la enseñanza y no repetir los escenarios de aprendizaje.

Para el final te dejo una historia que espero te sirva para poner un poco de luz si está faltando.

13

<u>Una historia para el final</u>

Hasta que nos volvamos a encontrar, les dejo una historia que una vez oí. Algunas personas creen que realmente pasó y otros creen que es una leyenda. Lo cierto es que si hiciéramos una elección, a nivel planetario, pues ganarían ampliamente las personas que creen que es verídica, eso le da cierta importancia. O no, quién sabe. Como pasa con tantas historias maravillosas. Algunos creen que es verdad, otros no. Cada uno decide.

Cuenta esta historia que cierta vez, en la tierra donde hoy se encuentra Nepal, hace unos 2600 años, un rey del Clan de los Shakia, cuyos dominios no eran muy extensos, consultó un oráculo, dado que había nacido su heredero, el hijo varón y quería saber de su futuro. En el que se jugaba el devenir del reino. Para poder prever lo que pudiera acontecer. Que no lo agarrara desprevenido el juego.

El oráculo, después de estudiar el caso, con mucho cuidado y fascinación. Vio en el recién nacido condiciones muy especiales. Le anuncia al rey que el pequeño príncipe tenía dos destinos posibles marcados. Uno era convertirse en un gran líder militar y el segundo en un gran líder espiritual. Que entre esos dos destinos se definiría su vida.

Al rey le gustaba mucho la idea de que su sucesor fuera un gran líder militar y pudiera expandir su reino, que no estaba entre los reinos más grandes y poderosos de la región. No le gustaba para nada la idea de que pudiera convertirse en un líder espiritual. Eso no beneficiaría mucho el futuro del reino. Hasta en su pensamiento lo veía como una amenaza a su reino. Entendió el mandatario que debía tomar acciones urgentes para que las cosas salieran como él quería. No dejaría librado al azar el futuro del país. Tomó decisiones drásticas y nunca vistas. Que asegurarían el destino para su hijo. Con eso garantizar su legado. El Rey hizo construir una ciudad amurallada donde el príncipe pudiera vivir y crecer aislado de toda influencia espiritual. Ni maestros espirituales, ni conocimientos que pudieran desviar al príncipe. Para que no hubiera ninguna interferencia el rey había seleccionado a todos los habitantes de la ciudad. Uno por uno había seleccionado. Todos eran jóvenes, bellos, sanos y de sangre noble. Los hombres atléticos y las mujeres bellas. De esta manera la vida del príncipe transcurrió entre lujos, placeres y prácticas atléticas que lo prepararan para su futuro de líder militar. Su única formación era para prepararlo en su destino de conquistador de pueblos. El padre se aseguró de que el no conociera ni la enfermedad ni la pobreza. Ni siquiera la vejez. Se había encargado de que solo personas jóvenes habitaran la ciudad.

Así transcurrió su vida hasta que cumplió sus veinte años. Sin ningún tipo de problemas ni dificultades, solo lujos, placeres y diversión.

Un día, cuando el joven príncipe había ya cumplido veinte años, una mañana mientras paseaba por la ciudad, vio que una de las puertas de la ciudad amurallada se encontraba abierta. Los guardias no pudieron evitar que el príncipe franqueara la puerta y ganara la calle que lo llevaba a la ciudad exterior. El joven príncipe se internó en la ciudad que estaba fuera de las murallas. Lo hizo acompañado por uno de sus sirvientes: Channa.

Juntos caminaron por las calles de la ciudad, en la que todo era nuevo para el príncipe. Al cruzarse con un anciano, le preguntó sorprendido a Channa:

—Channa, ¿qué le sucede a ese hombre? ¿Por qué se ve así?

—No le pasa nada extraño, mi señor, solamente está viejo —le contestó su sirviente.

—¿Y por qué se ha puesto así, Channa, qué le pasa? ¿Qué le pasa a su cara, a sus manos, a todo su cuerpo? ¿Acaso tú sabes?

Channa era un hombre que la nobleza de su corazón no le permitía engañar al príncipe y le contestó con la verdad.

—Nada, mi señor, nada en especial. Sí, claro que lo sé. Solo es el paso del tiempo. Eso suele hacer el tiempo con la cara, las manos y el cuerpo del hombre.

—¿El paso del tiempo lo ha encorvado y arrugado su piel? ¿Pero no ha pasado nada en especial?

—Mi señor, nada en espacial, todos nos ponemos así. La piel se nos va poniendo así a todos. Y algunos se encorvan, es normal.

—¡¡¡Todos!!! —exclamó el príncipe, exaltado. —¿Quieres decir que todos mis amigos se pondrán así?

—Sí, mi señor.

—¿Y mi padre también?

—Él también señor, y mucho antes que sus amigos. Eso sin duda.

El príncipe no podía creer lo que oía, con miedo a la respuesta volvió a interrogar a su Sirviente.

—¿Hasta yo mismo me pondré así? Dime fiel Channa

—Efectivamente, mi señor. Todos, hasta usted mi amado señor.

El joven heredero del reino quedó muy turbado, tratando de entender lo que su fiel sirviente le contaba. No podía entender lo que sus ojos le mostraban. Siguieron caminando y pasaron por un lugar en donde se hallaba una persona enferma, tendida en el suelo, se quejaba y lamentaba. Asombrado consultó al fiel Channa.

—¿A él qué le pasa? ¿Por qué grita?

—Porque se encuentra enfermo, señor.

El rey no había permitido dentro de las murallas ni a viejos ni a enfermos para que el príncipe no tuviera que soportar esas cosas y su vida fuera solo placeres y lujos.

—¿Pero por qué se ha puesto así?

—Por nada en especial, mi señor, todos en algún momento nos enfermamos. Es algo natural.

—¿Pero todos mis amigos se enfermarán como dices?

—Sí, mi señor, en algún momento les puede pasar.

—Mi padre, es el Rey, él no. Él es un Rey, Channa.

—Mi buen señor, hasta los reyes se enferman.

—Yo, Channa, ¿hasta yo me puedo enfermar alguna vez?

—Sí, mi señor, alguna vez puede pasar y seguro pasará. No es nada raro; es parte de la vida.

Muy asombrado por las cosas de las que se iba enterando, y que para él eran totalmente nuevas, conversando con su fiel servidor sobre estas nuevas realidades, príncipe y sirviente llegaron a los límites de la ciudad. El príncipe, viendo cómo vivía la gente fuera de palacio, estaba asombrado. Él no podía entender que no todo el mundo vivía rodeado de exquisiteces como él.

Comían cosas horribles y vivían en lugares muy precarios en donde él no pasaría ni una noche. Pero Channa le contaba que esas personas vivían su vida en esos lugares, hasta llegar a las orillas de un río. En ese lugar se estaba desarrollando un rito funerario en donde un hombre estaba por encender una pira.

El príncipe se exalta al ver lo que para él era un hombre durmiendo al que estaban por quemar e instó a Channa para que salvara a ese hombre y que impidiera esa atrocidad.

—Mi señor, ese hombre está muerto, y su familia está realizando su funeral de acuerdo con nuestra costumbre. Así es como nuestro pueblo realiza este rito.

—Pero Channa, ¿por qué ha muerto? ¿Qué ha ocurrido para que sucediera tal atrocidad? ¿Murió en batalla? ¿Lo mató el enemigo?

—No creo, no estamos en guerra ahora, señor. Por la edad no creo que haya una razón en especial, ni que ocurriera nada fuera de lo normal, todos morimos al final de nuestras vidas.

—¿Todos, mis amigos también?

—Si, mi señor, ellos también.

—¿Y mi padre seguro no, él es un rey, Channa? ¿Los reyes no mueren?

—Me temo, mi noble príncipe, que los reyes también mueren algún día. Y lo suceden los príncipes. Que se convierten en los nuevos Reyes.

Hizo la siguiente pregunta sospechando la respuesta, y temiéndola.

—¿Y yo, fiel Channa, también me voy a morir algún día?

—Sí, mi señor, eso nos espera al final de la vida a todos. Hasta a usted, mi buen señor. Un día va a dejar estas tierras.

El joven estaba en el espanto más absoluto, la vejez, la

pobreza, la enfermedad y la muerte habían destruido la sensación de seguridad que su padre había intentado construir a su alrededor, encerrándolo en la ciudad amurallada. Con el correr de los milenios la historia contaría que esa mañana el príncipe tuvo sus cuatro encuentros. Pero eso es otra historia.

Todo aquello de lo que su padre había tratado de aislarlo de repente, se presentó en un solo día ante sus ojos. Con una fuerza arrolladora. El joven que solo conocía la belleza y la salud, de pronto se encontró, no solo con la existencia de otras realidades, sino también con la posibilidad cierta de que esto le sucediera a su entorno. El joven príncipe veía un futuro muy negro para él y todos sus seres queridos. Un destino inevitable de enfermedad, vejez y muerte. Pero no le había pasado nada de esto ni a él ni a su entorno, era solo la posibilidad de que sucediera lo que lo conmovía. Grandes chances de que la pobreza nunca lo alcanzara. No soportaba el peso de ese destino. Él se encontraba muy abatido.

Volvían a la ciudad amurallada y vio lo que le pareció lo más sorprendente. Se cruzaron con un anciano monje que salía de la ciudad, en su cara se veía una inmensa sonrisa de felicidad. Al cruzarse con el joven príncipe le extendió una amplia y amable sonrisa. El joven no podía reaccionar, solo atino a mirar a Channa. Sin poder evitar interrogarlo sobre lo que había pasado.

—¿Pero qué le pasa a ese hombre, que acaso no sabe que es viejo y que enfermará y que también sin duda va a morir? ¿No sabe que a todos sus seres queridos les pasará lo mismo? ¿No ha visto en sus padres la vejez y el sufrimiento acaso?

—Sin duda lo sabe y probablemente lo ha visto varias veces en sus cercanos y en otros, mi buen señor. Él no ignora lo que usted ignoraba.

—Si lo sabe, y lo vio, ¿por qué entonces sonríe? ¡No sabe del destino terrible que todos tenemos!

—Señor, no me caben dudas de que lo vio y lo sabe. Él sabrá por qué sonreír...

Para el fiel escudero, ni siquiera pareció algo de mayor importancia.

Entonces el príncipe se dio cuenta de que toda la ciudad que había construido su padre, con su magnificencia no podía detener el sufrimiento, ni el paso del tiempo, ni la muerte. Pero la sonrisa de ese monje le hablaba de un conocimiento tan poderoso, que tuviera el suficiente poder para que a pesar de saber lo que le esperaba, y seguramente ya había sufrido, lo hacía sonreír. Un conocimiento, una comprensión que de alguna manera lo llevaba a trascender esas verdades inevitables, según acababa de aprender. ¿Cuál podía ser ese conocimiento. ¿Qué profundas claves encerraba?

Este descubrimiento llevó al príncipe Siddharta Gautama a dejar todos los lujos de la ciudad amurallada, dejar a su mujer y sus hijos. Convirtiéndose en un yogui, que es un buscador de la iluminación. Seres que buscan descubrir y comprender estos secretos. Los misterios de la existencia.

Esto lo llevó a tratar de descubrir lo esencial de la existencia. Lo llevó por muchos caminos, lejos de las mieles de su palacio, teniendo que pasar por muchos momentos de privación, dolor y demás cosas que él no conocía hasta ese momento. Seis años estuvo en esta búsqueda, teniendo que pasar todas esas cosas, a las que el joven príncipe no estaba acostumbrado.

Después de mucho buscar la iluminación y pasar por muchas situaciones difíciles, un día decidió sentarse debajo del árbol del Bodhi, que no era otra cosa que una vieja higuera.

Siddharta Gautama se propuso sentar debajo de ese árbol y no levantarse hasta comprender por qué ese viejo monje sonreía. Cuentan que estuvo cuatro noches sentado en ese lugar. Sus cuatro vigilias. Que a la mañana del cuarto día, al salir en el horizonte la estrella de la mañana, ésta lo vio a él iluminado. Al iluminarse exclamó:

—Ah, qué maravilla, ahora veo que la Tierra, todo los seres sensibles y yo mismo hemos estado iluminados desde el principio.

Debajo de ese árbol Siddharta despertó. Se dio cuenta, comprendió por qué sonreía aquel monje ese dia. Entonces él también sonrió. Desde ese día se lo conoce como "Buda", el despierto. Así pudo trascender todo lo que lo angustiaba, la enfermedad, el dolor y hasta la muerte. Miles de millones de personas en el mundo aseguran y creen fervientemente que estos hechos fueron así o de forma muy similar.

La historia de cómo Siddharta despertó nos puede servir para ver una posibilidad de poder utilizar la tristeza, el dolor, la ansiedad y el miedo. Como despertadores, nos pueden servir para marcarnos un camino que nos guie en la búsqueda de paz interior, ésa tan anhelada, que en medio de las turbulencias y marejadas de la vida se suele perder y se ve reemplazada por tanto sufrimiento.

Mi mayor deseo, y salvando todas las distancias, sería que un día podamos ante una nueva turbulencia poder sonreír nosotros también. Sabiendo que hay algo más poderoso que esto que nos está pasando. Que solo lo podemos hallar si lo buscamos en nuestro interior. Donde reside todo lo que necesitamos, dentro de nosotros y no afuera. Poder decir como Siddharta: "siempre estuvimos iluminados". Es conectándonos con nuestra esencia más profunda donde todo cambia. Donde todo sucede. En ese lugar profundo dentro nuestro dónde somos luz. Por lo tanto, nada nos puede dañar. Donde lo encontró este príncipe, en la conexión a lo superior, a una fuente de donde todo emana. Que era él, pero mucho más que él.

Somos algo más que simples actores representando un papel en una comedia que no escribimos, como muchas veces solemos pensar. Muy por el contrario, aunque muchas veces nos cueste entender esto, somos los protagonistas de esa comedia. Lo más loco es que nosotros la estamos escribiendo, creando a cada momento nuestro mundo. Si esto es muy difícil de aceptar, puede que hoy a la luz de los acontecimientos, sea así. Sin embargo, si crees que no puedes elegir la situación, entonces por lo menos puedes elegir quién ser ante cada situación. Con qué espíritu llevarlas adelante. Dado que igual está pasando. Entonces buscar la mejor manera de pasarla. Que va a ser la mejor manera de salir de ella. Decidir salir adelante y superar esta vez lo que nos pasa...

La verdad, no interesa si crees en la reencarnación, el paraíso, el infierno o el purgatorio. O que despertamos a una vida más plena. Quizá solo creas que se apaga la tele al final del viaje. No importa esto realmente, lo que sí es seguro es que ahora tenemos esta vida y no podemos seguir perdiendo el tiempo, preocupándonos por el pasado o el futuro. No disfrutar el hoy, el ahora que es lo único que en realidad tenemos. Si éste ahora es terrible, entonces que más razón para salir inmediatamente de ese lugar. Crear otro estado. Eso está en tus manos. Hay algo de lo que no podemos escapar y es que el pasado son solo recuerdos de todos los tipos, pero que de algún modo se van acomodando. Es solo eso: una colección de recuerdos, de todos los colores. Que mientras antes podamos darles el valor de lo que son, registros que hemos tomado de lo que pasó. Pues antes podemos poner la atención en lo que realmente tiene importancia. Que no es el futuro, porque este nunca llega. Sí el pasado, que son registros. El futuro solo son incertidumbres, suposiciones que por su mismo sentido de que todavía no llegaron, nos llenan de miedos, dudas, o preocupaciones. Ya que el momento para cambiar el estado de las cosas es ahora. No hay otro. Ahora es el mejor momento para empezar a salir de la situación. El mejor momento para soltar y despegar es ahora. Aguantando la demora del proceso que estoy viviendo, pero ya en marcha, de nuevo en carrera. No hay tiempo qué esperar, ya que el presente está pasando ahora, en el momento que ese futuro exista. Es decir, cuando sea presente. Ese resultado se estará forjando ahora. Así que es aquí y es ahora donde las cosas van a suceder. Enciéndete, recupera no sin dolor, no sin esfuerzo, carga lo que tengas que cargar y suelta lo que ya es tiempo de soltar. Pero más liviano que pesado, ojalá puedas retomar el camino que no es fácil. Pero es sencillo. Solo tienes que hacerlo. Para esto no hay fórmulas, la única fórmula es hacerlo.

Además, recordar: ésta, la vida con todas sus cosas, también va a pasar. Así que no dejemos de disfrutarla.

Índice

Este libro se terminó de imprimir en el Centro Digital de la
Editorial Equinoxio, ubicado en la Ciudad de Mendoza -
Mendoza - Argentina
32°52'01.2"S 68°50'57.9"W
el 20 de diciembre de 2019

Pero se comenzó a crear en lo invisible mucho
tiempo atrás, cuando
las experiencias personales
comenzaban a marcar un camino
inesperado en ese momento.
Donde solo parecía ser
como un simple desahogo para una
situación angustiante.
Pero realmente era el despertar de
un nuevo camino, el recordar un compromiso asumido
tiempo atrás en lo invisible. Y es tiempo de compartir y
expandir
esta información en estos tiempos
que son distintos a todos los tiempos.

Federico Caivano
Instructor de Conexión Pineal.